中等职业学校公共基础课程教材配套用书

数 学

（基础模块） 下册

学 练 测

主　　编：李富明

副 主 编：陈丽霞　谢　莉　曹德智

参编人员：丁家翠　陈文峰　李　亮　何　玲
　　　　　兰　英　周　娟

编　　审：官忠华　雷大力　王万翔　范世君
　　　　　杨贤川

SHUXUE JICHU MOKUAI XIACE
XUELIANCE

北京师范大学出版集团
BEIJING NORMAL UNIVERSITY PUBLISHING GROUP
北京师范大学出版社

图书在版编目(CIP)数据

数学基础模块下册(第 4 版)学练测 / 李富明主编. —北京:
北京师范大学出版社,2023.1(2025.8 重印)
ISBN 978-7-303-28586-0

Ⅰ. ①数… Ⅱ. ①李… Ⅲ. ①数学课-中等专业学校-
教学参考资料 Ⅳ. ①G634.603

中国版本图书馆 CIP 数据核字(2022)第 258651 号

出版发行:北京师范大学出版社 https://www.bnupg.com
　　　　　北京市西城区新街口外大街 12-3 号
　　　　　邮政编码:100088
印　　刷:北京天泽润科贸有限公司
经　　销:全国新华书店
开　　本:889 mm×1194 mm　1/16
印　　张:13
字　　数:268 千字
版　　次:2023 年 1 月第 1 版
印　　次:2025 年 8 月第 7 次印刷
定　　价:29.80 元

策划编辑:余娟平　林　子　　　　责任编辑:余娟平
美术编辑:焦　丽　　　　　　　　装帧设计:焦　丽
责任校对:陈　民　　　　　　　　责任印制:赵　龙

前　言

本书是"十四五"职业教育国家规划教材(中等职业学校公共基础课程教材)《数学(基础模块下册)(第 4 版)》的配套学习用书,供广大中职师生使用,以期能提高中职学生的数学水平和数学思维能力。

本书栏目设置特点如下。

1. 课标要求及知识脉络:依据《中等职业学校数学课程标准》(以下简称课标)展现课程要求和知识脉络,明确每一节课的知识点和知识结构,细化知识点,让学生的学习更能做到有的放矢。

2. 知识准备:把与本节知识有关的前情知识内容通过回顾、练习展现出来,让学生的学习更有连贯性,对新知识的来龙去脉更加了解,把握知识更清晰、更明确。

3. 知识要点:通过表格的形式清晰地呈现每一课时的知识点和应用点,让知识结构化、系统化,让学生明确知识点的区分,掌握知识点的灵活应用,提高学生的思维能力和辨析能力。

4. 典例精析:结合知识点和实际运用,有层次、有梯度地甄选典型的例题。通常例 1 以单一的知识情境呈现,针对广大中职学生的基础学习而设置,提升学生对课标中水平一知识的掌握能力。例 2 以多个知识情境呈现,体现知识的复合运用,培养学生综合运用数学的思维和方法,旨在提升学生对水平二知识的灵活运用的能力。例题后呈现解题反思,主要涉及解题思路的点拨、解题技巧及方法的总结、易错点等。这部分既注重数学思想、数学方法的提炼,也注重学生解题能力的提高,有助于促进学生数学核心素养的养成。

5. 训练测评:训练测评由两部分组成。第一部分为基础达标训练,以水平一知识为主,渗透水平二知识,目的是巩固基础知识,训练基本技能,使学生掌握基本的解题方法。第二部分为能力提高训练,以水平二知识为主,增加习题的综合性和创新性,目的是提高学生的创新意识和数学思维能力,满足中职学生升学的需求。

参与本书编写的人员均为职业教育的一线教师,虽然具有丰富的教学经验,但由于水平有限,难免有不足之处,敬请广大师生批评指正,提出宝贵意见,我们将竭尽全力,不断完善。

编者

目 录

第六单元　直线与圆的方程　001

6.1　两点间的距离公式及中点坐标公式　001

6.2　直线的倾斜角及斜率　010

6.3　直线方程　019

6.4　两条相交直线的交点　032

6.5　两条直线平行的条件　036

6.6　两条直线垂直的条件　041

6.7　点到直线的距离公式　046

6.8　圆的方程　050

6.9　直线与圆的位置关系　063

6.10　圆的方程的应用　071

单元复习　075

第七单元　简单几何体　078

7.1　简单几何体的三视图　078

7.2　简单几何体的直观图　096

7.3　简单几何体的表面积　106

7.4　简单几何体的体积　117

单元复习　125

第八单元　概率与统计初步　129

8.1　随机事件与概率　129

8.2　古典概型　133

8.3　概率的简单性质　138

8.4　抽样方法　142

8.5　统计图表　152

8.6　样本均值与标准差　164

单元复习　171

第六单元测评卷　176

第七单元测评卷　180

第八单元测评卷　185

期中测评卷　191

期末测评卷　195

第六单元

直线与圆的方程

6.1 两点间的距离公式及中点坐标公式

6.1.1 两点间的距离公式

课标要求	知识脉络
掌握两点间的距离公式	公式 —— 两点间的距离公式及概念 公式 —— 应用 —— 已知两点求距离 应用 —— 已知距离求参数

➔ 知识准备

1. A，B 是数轴上的两点，其对应坐标如图所示。

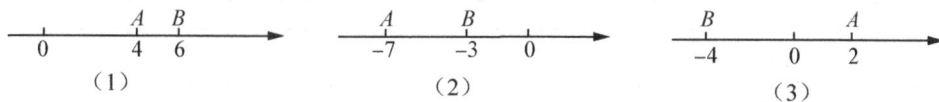

图 6-1

图 6-1(1)中，$|AB| = |6-4| = 2$。

图 6-1(2)中，$|AB| = $ ＿＿＿＿＿ ＝ ＿＿＿＿＿。

图 6-1(3)中，$|AB| = $ ＿＿＿＿＿ ＝ ＿＿＿＿＿。

数轴上任意两点间的距离等于这两点对应坐标值的＿＿＿＿＿。

2. 勾股定理：中国古代称直角三角形为勾股形，称直角边中较小者为勾，另一长直角边为股，斜边为弦。中国周朝时期的商高提出了"勾三股四弦五"的勾股定理的特例，所以勾股定理也称商高定理。在 Rt△ABC 中，$\angle A$，$\angle B$，$\angle C$ 所对的边分别为 a，b，c，其中 c 为斜边，则有＿＿＿＿＿＿＿。

平面直角坐标系内有两点 A，B，其坐标如图 6-2 所示。

(1) $|AC| = |PQ| = $ _____，$|BC| = |EF| = $ _____。

(2) 在 $\text{Rt}\triangle ABC$ 中，由勾股定理得 $|AB| = $ _____。

3. 化简下列二次根式：

$\sqrt{4} = $ _____；　$\sqrt{24} = $ _____；

$\sqrt{\dfrac{8}{3}} = $ _____；　$\sqrt{(-3)^2} = $ _____。

4. 解简单的根式方程：

(1) 方程 $\sqrt{x-1} = 2$ 的解为 $x = $ _____；

(2) 方程 $\sqrt{x^2-x} = \sqrt{2}$ 的解为 $x = $ _____。

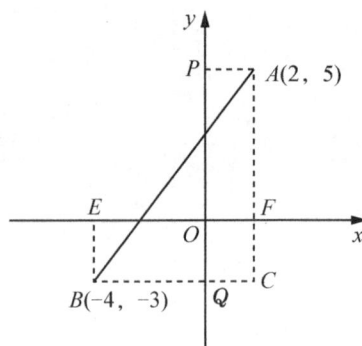

图 6-2

知识要点

知识点　两点间的距离公式	
两点间的距离的概念	在平面直角坐标系内有两点 $P_1(x_1, y_1)$，$P_2(x_2, y_2)$，则线段 P_1P_2 的长度叫作这两点间的距离，表示为 $|P_1P_2|$
两点间的距离公式	$|P_1P_2| = \sqrt{(x_1-x_2)^2+(y_1-y_2)^2}$
特殊位置的两点间的距离公式	(1) 若点 A，B 在 x 轴(或与 x 轴平行的直线)上，则 $|AB| = \sqrt{(x_1-x_2)^2} = |x_1-x_2|$。
	(2) 若点 A，B 在 y 轴(或与 y 轴平行的直线)上，则 $|AB| = \sqrt{(y_1-y_2)^2} = |y_1-y_2|$

知识点应用	
应用 1	已知两点的坐标，求两点间的距离
应用 2	由两点间的距离公式建立方程，求参数。 设 $|P_1P_2| = m$，则 $(x_1-x_2)^2+(y_1-y_2)^2 = m^2$

典例精析

例 1 有两个村庄 A 和 B，在平面直角坐标系内的坐标分别为 $A(-3, 7)$，$B(2, -5)$，单位为 cm，根据乡村振兴战略的部署及加强乡村基础设施建设的要求，要修一条公路把这两个村庄连接起来。

(1) 请规划一下这条公路的最短长度(不考虑地形地貌)。

(2)预估修这条公路的费用为 5 万元/km，请计算修建这条公路的最低费用。

解　(1)这条公路的最短长度为这两点间的距离，即

$$|AB|=\sqrt{(-3-2)^2+[7-(-5)]^2}=\sqrt{(-5)^2+12^2}=13。$$

所以这条公路的最短长度为 13 km。

(2)修建这条公路的最低费用为 $5\times13=65$(万元)。

解题反思

(1)利用两点间的距离公式计算的结果，若被开方数不是一个平方数，则要化为最简二次根式。

(2)利用两点间的距离公式进行计算时易出现符号错误。

例 2　设点 M 是函数 $y=x-1$ 图像上的一点，N 为坐标原点。已知 $|MN|=\sqrt{5}$，试求点 M 的坐标。

解　设点 M 的横坐标为 m，则纵坐标为 $m-1$，故 $\sqrt{m^2+(m-1)^2}=\sqrt{5}$。计算并整理得 $m^2-m-2=0$，解得 $m=-1$ 或 $m=2$。

当 $m=-1$ 时，$m-1=-2$，此时点 M 的坐标为 $(-1,-2)$。

当 $m=2$ 时，$m-1=1$，此时点 M 的坐标为 $(2,1)$。

解题反思　(1)根据题意设出参数，通过题意找到等量关系，从而建立方程或方程组求出参数的值，这种方法叫作待定系数法，其中这个参数叫作待定系数；

(2)用待定系数法解决问题时，尽量减少待定系数即参数的个数；

(3)根据距离公式建立方程求解，若有两个解，需要根据题意进行讨论、取舍。

➜ 训练测评

【基础达标训练】

一、选择题

1. 已知线段 MN，若 $|MN|^2=16$，则 $|MN|=($ 　　$)$。

A. 8　　　　　　B. ±8　　　　　　C. 4　　　　　　D. ±4

2. 精准扶贫易地搬迁之后，小张家和小王家搬到了镇政府为困难群众集中修建的新社区。建立恰当的平面直角坐标系，假设小王家的坐标为 $A(0,-3)$，小张家的坐标为 $B(4,0)$，则小王家到小张家的距离为($ 　　$)$。

A. 3   B. 4   C. 5   D. 1

3. 已知线段 AB 的长为 10，且两点坐标分别为 $A(m，2)$ 和 $B(n，-4)$，则 $m-n=$ (   )。

A. 8   B. $4\sqrt{6}$ C. ± 8 D. $\pm 4\sqrt{6}$

4. 点 $A(0，a)$ 到坐标原点的距离为 10，则 a 的值为(   )。

A. 10   B. -10 C. 100   D. 10 或 -10

二、填空题

5. (1)已知点 $A(-4，3)$，则 $|OA|=$ _____。

(2)已知点 $M(-1，-7)$，$N(3，-1)$，则 $|MN|=$ _____。

6. 在 $\triangle ABC$ 中，已知 $B(-1，7)$，$C(2，3)$，D，E 分别是 AB，AC 的中点，则 $|DE|=$ _____。

7. 一次函数 $y=x+1$ 的图像分别与 x 轴、y 轴交于点 M，N，则 $|MN|=$ _____。

8. 已知点 $A(\sin\alpha+1，0)$，$B(1，\cos\alpha)$，则 $|AB|=$ _____。

三、解答题

9. 已知 $\triangle OAB$ 的三个顶点分别为坐标原点，$A(4，0)$，$B(2，3)$。

(1)求 $\triangle OAB$ 的周长。

(2)求 $\triangle OAB$ 的面积。

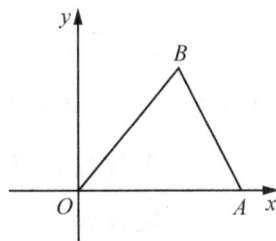

第 9 题图

10. 已知 $\triangle ABC$ 三个顶点的坐标分别为 $A(-1，0)$，$B(1，0)$，$C\left(\dfrac{1}{2}，\dfrac{\sqrt{3}}{2}\right)$。

(1)判断 $\triangle ABC$ 的形状。

(2)求 $\triangle ABC$ 的周长。

【能力提高训练】

1. 已知 $A(-3,0)$，$B(0,-5)$，C 为线段 AB 的中点，O 为坐标原点，则 $|OC|=$ （ ）。

A. $\dfrac{5}{2}$ 　　　　B. 2 　　　　C. $\sqrt{34}$ 　　　　D. $\dfrac{\sqrt{34}}{2}$

2. 已知点 $N(1,-3)$，点 M 是平面直角坐标系第一、三象限角平分线上的一点。若 $|MN|=\sqrt{26}$，试求点 M 的坐标。

3. 为响应"全民健身运动"的号召，小李与父亲坚持晨跑。小李从家 A 地出发沿北偏西 $30°$的一条小道跑了 6 km 到达 B 地，父亲从家 A 地出发沿北偏东 $30°$跑了 4 km 到达 C 地，求此时小李与父亲之间的距离 $|BC|$。

4. 学校举办禁毒科普教育展览，其中有一块标注了"珍爱生命、远离毒品"的四边形标语展板。建立恰当的平面直角坐标系，展板的四个顶点坐标分别是 $A(0,4)$，$B(3,3)$，$C(1,-3)$，$D(-2,-2)$。

(1)求四边形 $ABCD$ 的周长。

(2)证明四边形 $ABCD$ 是平行四边形。

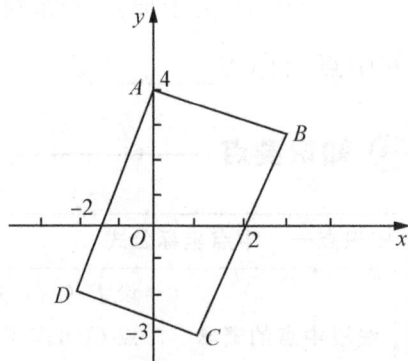

第 4 题图

6.1.2　中点坐标公式

课标要求	知识脉络
掌握线段的中点坐标公式	

知识准备

1. 实数 a 和 b 的平均数为 $\bar{x} = \dfrac{a+b}{2}$。

2021 年东京奥运会上，奥运健儿杨倩在女子 10 m 气步枪射击项目中为中国队收获首枚金牌。小王和小张深受鼓舞，参加了学校开设的射击兴趣班。第一次射击，小王的成绩为 9 环，小张的成绩为 8 环，则小王与小张的平均成绩为＿＿＿＿＿＿环。

2. 二次函数 $y=f(x)$ 中，若 $f(x_1)=f(x_2)$，则其图像的对称轴方程为 $x=\dfrac{x_1+x_2}{2}$。

(1) 图 6-3 是二次函数 $y=f(x)$ 的图像，则其对称轴方程是＿＿＿＿＿＿＿＿。

(2) 二次函数 $y=f(x)$ 中，若 $f(2-x)=f(x+4)$，则其对称轴方程为 $x=$＿＿＿＿＿＿。

3. 平面直角坐标系内已知点 $P(3，-2)$。

(1) 点 P 关于 x 轴对称的点 P_1 的坐标为＿＿＿＿＿＿，线段 PP_1 的中点坐标为＿＿＿＿＿＿。

(2) 点 P 关于原点对称的点 P_2 的坐标为＿＿＿＿＿，线段 PP_2 的中点坐标为＿＿＿＿＿＿。

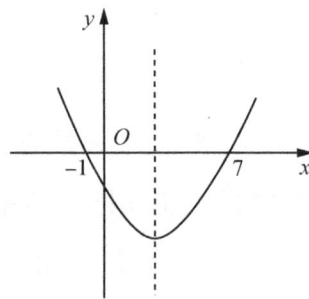

图 6-3

知识要点

知识点一　中点坐标公式	
线段中点的概念	设 $P_1(x_1，y_1)$，$P_2(x_2，y_2)$，若点 C 在线段 P_1P_2 上，且 $\lvert P_1C \rvert = \lvert CP_2 \rvert$，则点 C 叫作线段 P_1P_2 的中点。 **注意**：若 $\lvert P_1C \rvert = \lvert CP_2 \rvert$，但点 C 不在线段 P_1P_2 上，则点 C 不是线段 P_1P_2 的中点

续表

线段的中点坐标公式	设 $C(x_0, y_0)$，则 $x_0 = \dfrac{x_1 + x_2}{2}$，$y_0 = \dfrac{y_1 + y_2}{2}$
文字描述	线段的中点的横、纵坐标分别等于两个端点的横、纵坐标的平均数

知识点二 应用

应用1	已知线段的两端点坐标，求中点坐标
应用2	已知一个端点坐标和中点坐标，求另一个端点坐标： $x_1 = 2x_0 - x_2$，$y_1 = 2y_0 - y_2$
应用3	利用中点坐标公式建立方程(组)，求参数的值

➔ 典例精析

例1 填空：

(1)已知点 $A(-2, 8)$ 和 $B(0, -5)$，若 A，B 关于点 C 对称，则点 C 的坐标为_____；

(2)点 $M(-3, 7)$ 关于点 $Q(2, -5)$ 的对称点 N 的坐标为_____。

解 (1)根据线段的中点坐标公式得 $x_C = \dfrac{-2 + 0}{2} = -1$，$y_C = \dfrac{8 - 5}{2} = \dfrac{3}{2}$，故点 C 的坐标为 $\left(-1, \dfrac{3}{2}\right)$。

(2)由题意知点 Q 为线段 MN 的中点，故 $x_N = 2 \times 2 - (-3) = 7$，$y_N = 2 \times (-5) - 7 = -17$，故点 N 的坐标为 $(7, -17)$。

解题反思 (1)在利用中点坐标公式时，要根据题意确定好端点和中点及其对应坐标，选择好合适的公式；

(2)在表达某一个点的坐标时，用 x，y 表示其横、纵坐标，并在右下方标上表示点的大写字母，如 x_A 表示点 A 的横坐标，y_A 表示点 A 的纵坐标，即 $A(x_A, y_A)$。

例2 为保障农民土地权益，巩固农村基本经营制度，我国全面开展农村土地确权登记颁证工作。在确权工作中，发现小明家有一块土地，其平面为如图6-4所示的三角形。设三边 AB，BC，CA 的中点坐标分别为 $D(-1, 1)$，$E(4, -1)$，$F(-2, 5)$，求此三角形三个顶点的坐标。

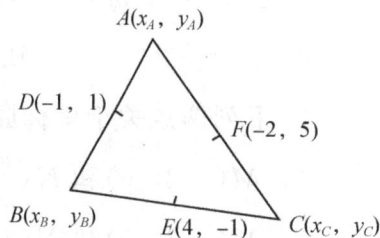

图 6-4

解 由中点坐标公式得两个方程组：

$$\begin{cases} x_A + x_B = -2, \\ x_A + x_C = -4, \\ x_B + x_C = 8, \end{cases} \begin{cases} y_A + y_B = 2, \\ y_A + y_C = 10, \\ y_B + y_C = -2, \end{cases}$$

分别解这两个方程组，得 $\begin{cases} x_A = -7, \\ x_B = 5, \\ x_C = 3, \end{cases} \begin{cases} y_A = 7, \\ y_B = -5, \\ y_C = 3, \end{cases}$

故三个顶点的坐标分别为 $A(-7, 7)$，$B(5, -5)$，$C(3, 3)$。

解题反思

(1)利用中点坐标公式建立等量关系时，尽量选择公式 $x_1 + x_2 = 2x_0$，$y_1 + y_2 = 2y_0$，避免出现分数，减少运算量。

(2)解三元一次方程组时，要观察方程组的结构特征，选择适当的方法，可达到事半功倍的效果。

⊙ 训练测评 ——————————————————————————————•

【基础达标训练】

一、选择题

1. 点 $P(-2, 8)$ 关于 y 轴对称的点 Q 的坐标为(   )。

A. $(2, 8)$ 　　　　B. $(-2, -8)$ 　　C. $(2, -8)$ 　　　D. $(8, -2)$

2. 已知点 $A(-1, 0)$ 和 $B(3, 2)$，延长 AB 到 C，使 $|AB| = |BC|$，则点 C 的坐标为(   )。

A. $(1, 1)$ 　　　　B. $(-5, -2)$ 　　C. $(7, 4)$ 　　　　D. $(2, 1)$

3. 已知点 $A(m, -4)$ 和 $B(2, n)$，若线段 AB 的中点正好在 x 轴上，则(   )。

A. $m = -2$ 　　　B. $n = -2$ 　　　C. $m = 4$ 　　　　D. $n = 4$

4. 下列两点关于坐标原点 O 中心对称的是(   )。

A. $M(-2, 5)$ 和 $N(-5, 2)$ 　　　　B. $M(-2, 5)$ 和 $N(5, -2)$

C. $M(-2, 5)$ 和 $N(2, 5)$ 　　　　D. $M(-2, 5)$ 和 $N(2, -5)$

5. 在△ABC 中，已知三个顶点坐标分别是 $A(-1, 0)$，$B(3, 2)$，$C(4, 0)$，D 是 AB

边的中点，则 $|CD|=($)。

A. 10   B. $\sqrt{10}$ C. 5   D. $\sqrt{5}$

二、填空题

6. 已知点 $A(-3,0)$ 和 $B(0,4)$，点 C 是 AB 的中点，O 为坐标原点，则 $|OC|=$ _____。

7. 已知 MN 是圆 C 的直径，其中 $M(1,0)$，$N(-2,5)$，则

(1)圆心 C 的坐标为 _____；

(2)圆 C 的面积是 _____。

8. 二次函数 $y=f(x)$ 的最大值是 5，且 $f(-1)=f(3)$，则该函数对应图像的顶点坐标为 _____。

9. 某市为了助力民营经济发展，拟重新规划市内高新工业产业园区. 在平面直角坐标系内，已知 $A(0,0)$，$B(4,0)$ 为工厂，$C(-2,3)$ 为运输站，D 是位于 AB 的中点的一个仓库。现要修建一条公路连接 CD，则这条公路的最短长度为 _____。

三、解答题

10. 已知点 $M(3,x)$ 和 $N(y,2)$ 的中点坐标为 $\left(5,\dfrac{7}{2}\right)$，求 MN 的距离。

11. 平行四边形 $ABCD$ 中，已知 $A(3,0)$，$B(-1,5)$，$C(2,4)$。对角线交于点 M，求：

(1)点 M 的坐标；

(2)点 D 的坐标；

(3)平行四边形 $ABCD$ 的周长。

【能力提高训练】

1. 2022 年的新冠肺炎疫情防控"动态清零"行动是一场旨在保护人民生命安全的重要举措。某市将在 A，B 两地的中间要道 C（C 是 AB 的中点）设置核酸检测点。在平面直角坐标系内，A 地位于第二象限，测得 A 到 x 轴和原点的距离分别为 3 和 5，C 地正好在 y 轴上，则 B 地到 y 轴的距离为 _____。

2. 在平面直角坐标系内，已知点 $A(-3，2)$ 和 $B(2，5)$，P 是平面内一点，且 $|PA| = |PB|$。

(1)若点 P 在 x 轴上，求点 A，B 关于点 P 对称的点 A_1 和 B_1 的坐标。

(2)若点 P 在一次函数 $y = x - 1$ 对应的图像上，求点 P 的坐标。

6.2 直线的倾斜角及斜率

6.2.1 直线的倾斜角

课标要求	知识脉络
理解直线的倾斜角	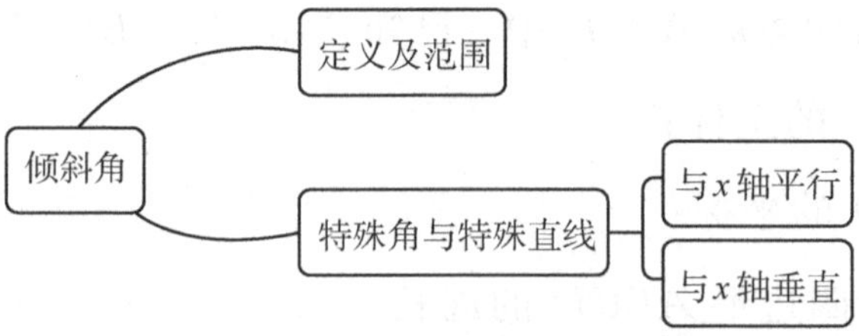 倾斜角 — 定义及范围；特殊角与特殊直线 — 与 x 轴平行 / 与 x 轴垂直

知识准备

1. 为进一步巩固扶贫效果，某村修建了两个村通公路 AB 与 CD，公路 AB 与公路 CD 相交于点 O，如图 6-5 所示，其中 $\angle AOC = 60°$，则

(1)$\angle BOD = $ _____；$\angle BOC = $ _____。

（2）直线 AB 与 CD 的夹角为_____。

2. 如图 6-6 所示，直线 l 在 x 轴上方部分与 x 轴正方向所成的角为_____。

3. 如图 6-7 所示，若∠1＝∠2，则直线 l_1 与 l_2 的关系是_____，根据是_____；若∠1≠∠2，则直线 l_1 与 l_2 的关系是_____。

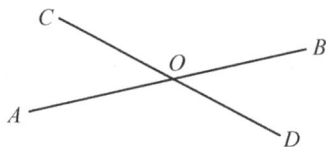

图 6-5

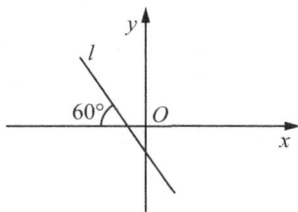

图 6-6

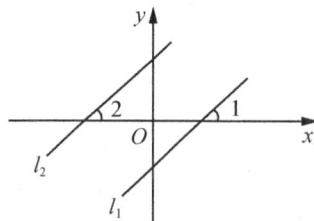

图 6-7

→ 知识要点

知识点 直线的倾斜角				
直线的倾斜角的定义	一般地，在平面直角坐标系中，直线 l 向上的方向与 x 轴正方向所成的角叫作直线 l 的倾斜角			
范围	$[0，\pi)$			
直线倾斜角的四种情况	图形			
	倾斜角	0	$\left(0，\dfrac{\pi}{2}\right)$	$\dfrac{\pi}{2}$	$\left(\dfrac{\pi}{2}，\pi\right)$

→ 典例精析

例1 （1）当了解到某村农田灌溉难问题后，该地的乡村振兴服务队积极协调相关部门寻求解决办法，出资 17 万元帮助修建灌溉排水渠，水渠表示为直线 l。建立平面直角坐标系，若直线 l 与 y 轴平行，则直线 l 的倾斜角为（　　）。

A. 0°　　　　　　B. 90°　　　　　　C. 180°　　　　　　D. 0°或 180°

解析 若直线 l 与 y 轴平行，则直线 l 与 x 轴垂直，故倾斜角为 90°。故选 B。

例2 直线 $l_1\perp l_2$，其中直线 l_1 的倾斜角为 30°，则直线 l_2 的倾斜角为（　　）。

A. 30°　　　　　　B. 60°　　　　　　C. 120°　　　　　　D. 180°

解析 由题意可知直线 l_2 的倾斜角为 $30°+90°=120°$，故选 C。

解题反思

(1)确定直线倾斜角的关键词有"向上方向""正方向"，即一条射线为直线向 x 轴上方的方向，另一条射线是沿 x 轴水平向右的方向。

(2)当直线与坐标轴平行或垂直时，要确定直线与 x 轴的位置关系，进而确定直线的倾斜角。

例 3 设直线 l 的倾斜角为 α，若 $\sin \alpha \cdot \cos \alpha = 0$，则倾斜角 $\alpha = $ _____。

解析 由 $\sin \alpha \cdot \cos \alpha = 0$ 可知 $\sin \alpha = 0$ 或 $\cos \alpha = 0$。因为 $0 \leqslant \alpha < \pi$，所以 $\alpha = 0$ 或 $\alpha = \dfrac{\pi}{2}$。

解题反思

利用三角函数求直线倾斜角的值或范围时，要注意三角函数符号和特殊值的对应关系（设 α 为倾斜角）。

(1)特殊值对应特殊角。如若 $\sin \alpha = \dfrac{1}{2}$，则 $\alpha = \dfrac{\pi}{6}$ 或 $\alpha = \dfrac{5\pi}{6}$；若 $\cos \alpha = \dfrac{1}{2}$，则 $\alpha = \dfrac{\pi}{3}$。

(2)符号对应范围。如若 $0 < \cos \alpha < 1$，则 α 为锐角；若 $-1 < \cos \alpha < 0$，则 α 为钝角。

➡ 训练测评

【基础达标训练】

一、选择题

1. 直线的倾斜角的范围是（ ）。

A. $[0, \pi]$ B. $(0, \pi)$ C. $[0, \pi)$ D. $\left[0, \dfrac{\pi}{2}\right]$

2. 如图，直线 l 的倾斜角为（ ）。

A. 30°   B. 60°   C. 120°   D. 150°

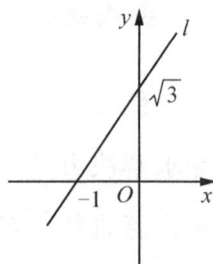

3. 已知直线的倾斜角为 α。若 $\tan \alpha = 1$，则 α 为（ ）。

A. 30°   B. 45°   C. 135°   D. 150°

4. 直线 l 的倾斜角为 50°，直线 l_1 与 l 的夹角为 40°，则直线 l_1 的倾斜角为（ ）。

第 2 题图

A. 50°   B. 90°   C. 10°   D. 90°或 10°

5. 已知直线 l 的倾斜角 α 满足 $\sin \alpha = \dfrac{\sqrt{3}}{2}$，则 α 为（　　）。

A. $30°$　　　　　B. $60°$　　　　　C. $30°$ 或 $150°$　　　　　D. $60°$ 或 $120°$

二、填空题

6. 直线 $y = -x$ 的倾斜角为 _____。

7. 如图，直线 l_1，l_2 的倾斜角分别为 _____。

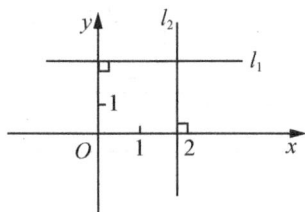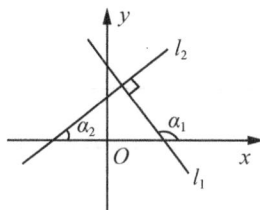

第 7 题图　　　　　　　　　第 9 题图

8. 若直线的倾斜角的正切值为 $-\sqrt{3}$，则该直线的倾斜角为 _____。

9. 如图，直线 $l_1 \perp l_2$，则它们的倾斜角 α_1，α_2 满足的关系式是 _____。

【能力提高训练】

1. 为提高城市居民生活水平，改善城市空气质量，维系城市生态平衡，某市拟在点 $M(1，0)$ 处新建一所城市公园，已知该市已有两处城市公园，分别位于 $A\left(-\dfrac{\sqrt{3}}{3} \text{和} 0\right)$，$B(0，-1)$ 处。

(1) 在平面直角坐标系中描出 A，B 两点，并画出直线 AB。

(2) 求直线 AB 的倾斜角。

(3) 过点 M 作直线 $l \perp AB$，求直线 l 的倾斜角。

6.2.2 直线的斜率

课标要求	知识脉络
理解直线斜率的概念；掌握直线斜率的计算方法	斜率 — 定义；公式 — 定义式、两点式；特殊直线的斜率

➔ 知识准备

1. 已知点 $P(x, y)$ 是角 α 终边上一点。

(1) 当 $x \neq 0$ 时，$|OP| = $ _____，$\tan \alpha = $ _____。

(2) 若角 $\alpha = 0°$，则 $y = $ _____，$\tan \alpha = $ _____。

(3) 若角 $\alpha = 90°$，则 $x = $ _____，$\tan \alpha$ _____。

2. 画出一次函数 $y = x + 1$ 的图像，回答下列问题：

(1) $k = $ _____；(2) 倾斜角 $\alpha = $ _____；(3) k 与 $\tan \alpha$ 有何关系？

3. 完成表 6-1。

表 6-1

α	0°	30°	45°	60°	90°	120°	135°	150°
$\tan \alpha$								

➔ 知识要点

知识点一　直线的斜率	
直线斜率的定义	倾斜角不是 90° 的直线的倾斜角的正切值
表示法	$k = \tan \alpha (\alpha \neq 90°)$
倾斜角与斜率的特殊对应关系	(1) $\alpha = 90° \Leftrightarrow$ 斜率不存在 $\Leftrightarrow$ 直线垂直于 x 轴； (2) $\alpha \in \left[0, \dfrac{\pi}{2}\right) \Rightarrow k \geqslant 0$，且 k 随 α 的增大而增大； (3) $\alpha \in \left(\dfrac{\pi}{2}, \pi\right) \Rightarrow k < 0$，且 k 随 α 的增大而增大

知识点二　斜率的计算公式	
定义式：由倾斜角求斜率	$k = \tan \alpha (\alpha \neq 90°)$
两点式：利用坐标求斜率	$k = \dfrac{y_1 - y_2}{x_1 - x_2} (x_1 \neq x_2)$（当 $x_1 = x_2$ 时，直线垂直于 x 轴）

→ 典例精析 ————————————————————————————

例1 （1）已知直线的倾斜角 α 满足 $90°<\alpha<180°$，则其斜率 k 的取值范围是（　　）。

A. $k>0$　　　　　B. $k<0$　　　　　C. $k\in\mathbf{R}$　　　　　D. $k\neq0$

（2）直线 l 的斜率为 -1，则直线 l 的倾斜角为（　　）。

A. $45°$　　　　　B. $135°$　　　　　C. $45°$ 或 $135°$　　　　　D. $0°$

解析 （1）根据三角函数的符号特征，由 $90°<\alpha<180°$ 知 α 为第二象限角，故 $\tan\alpha<0$，即 $k<0$。故选 B。

（2）由 $k=\tan\alpha=-1$，且 $0°\leqslant\alpha<180°$ 得 $\alpha=135°$。故选 B。

解题反思

（1）直线的斜率是一个实数，它的符号确定了与之对应的倾斜角的范围，具体如表 6-2 所示。

表 6-2

k 的符号	$k\geqslant0$	$k<0$	k 不存在
α 的范围	$\left[0,\dfrac{\pi}{2}\right)$	$\left(\dfrac{\pi}{2},\pi\right)$	$\dfrac{\pi}{2}$

（2）当斜率 k 为特殊值时，对应的倾斜角为特殊角，具体如表 6-3 所示。

表 6-3

k 的值	0	$\dfrac{\sqrt{3}}{3}$	1	$\sqrt{3}$	$-\dfrac{\sqrt{3}}{3}$	-1	$-\sqrt{3}$
α 的值	0	$30°$	$45°$	$60°$	$150°$	$135°$	$120°$

例2 已知点 $A(0,3)$ 和 $B(2,5)$。

（1）求经过 A，B 两点的直线的倾斜角；

（2）设点 $C(10,n)$，若 A，B，C 三点共线，求 n 的值。

解 （1）直线 AB 的斜率 $k=\dfrac{3-5}{0-2}=1$，由 $\tan\alpha=1$ 得 $\alpha=45°$，故直线 AB 的倾斜角为 $45°$。

（2）要使 A，B，C 三点共线，则由这三点中任意两点确定的直线是同一条直线，得这两条直线的斜率相同。不妨选择求直线 AC 的斜率，$k_{AC}=\dfrac{3-n}{0-10}=\dfrac{3-n}{-10}$。由 $k_{AC}=k$ 得 $\dfrac{3-n}{-10}=1$，解得 $n=13$。

解题反思

(1)利用两点式公式求直线的斜率时，注意易错点：①把分子、分母的位置弄反；②相减时，坐标顺序不统一，出现 $k=\dfrac{y_2-y_1}{x_1-x_2}$ 的错误。

(2)判断三个点是否共线常用的方法是在这三个点中任取一点，分别计算该点与其余两点所确定的斜率：①若斜率相等，则这三点共线；②若斜率不等，则这三点不共线；③若两斜率均不存在，则这三点共线。

→ 训练测评

【基础达标训练】

一、选择题

1. 已知直线 l 的倾斜角 $\alpha=0$，则斜率为( )。

A. 1   B. 0   C. -1 D. 不存在

2. 下列说法正确的是( )。

A. 一条直线必对应一个斜率   B. 一个倾斜角必对应一个斜率

C. 直线有倾斜角但不一定有斜率   D. 直线有斜率但不一定有倾斜角

3. 若直线 l 经过 $A(-1,0)$，$B(0,-2)$ 两点，则直线 l 的斜率 $k=$( )。

A. 2   B. -2 C. $\dfrac{1}{2}$ D. $-\dfrac{1}{2}$

4. 若直线 l 的斜率 $k=\dfrac{\sqrt{3}}{3}$，则直线 l 的倾斜角为( )。

A. $\dfrac{\pi}{6}$ B. $\dfrac{\pi}{3}$ C. $\dfrac{5\pi}{6}$ D. $\dfrac{2\pi}{3}$

5. 已知点 $M(\sqrt{2},-\sqrt{3})$ 和 $N(-\sqrt{3},\sqrt{2})$，则直线 MN 的倾斜角为( )。

A. $45°$ B. $135°$ C. $60°$ D. $120°$

二、填空题

6. 已知直线 l 经过点 $A(2\sqrt{3},-1)$ 和 $B(3\sqrt{3},2)$，则直线 l 的斜率 $k=$_____。

7. 设直线 l 的倾斜角为 α，且 $\cos\alpha=-\dfrac{\sqrt{3}}{2}$，则直线 l 的斜率为_____。

8. 直线的倾斜角为 $\dfrac{\pi}{4}$，且经过点 $A(m，2)$ 和 $B(-2，3)$，则 $m=$ _____。

9. 一次函数 $f(x)=-\sqrt{3}x+\sqrt{3}$ 的斜率 $k=$ _____，倾斜角 $\alpha=$ _____。

10. 已知直线 l_1，l_2 的斜率分别为 k_1，k_2，其倾斜角分别为 α_1，α_2。

(1)若 $k_1>k_2>0$，则 α_1，α_2 满足的关系是 _____；

(2)若 $0°<\alpha_1<\alpha_2<90°$，则 k_1，k_2 的大小关系是 _____。

三、解答题

11. 设直线 l 的倾斜角 α 满足 $\sin\alpha=\dfrac{1}{2}$，且 $\cos\alpha<0$。

(1)求倾斜角 α；

(2)求直线 l 的斜率。

12. 求满足下列条件的直线的斜率：

(1)直线经过 $A(-2，0)$，$B(-5，3)$ 两点；

(2)直线倾斜角的余弦值为 $-\dfrac{3}{5}$。

13. 已知 $A(-2，1)$，$B(3，-2)$，$C(a，3-a)$ 三点共线，求实数 a 的值。

【能力提升训练】

1. 下列说法正确的是（   ）。

A. 平行于 x 轴的直线的倾斜角是 $0°$ 或 $180°$

B. 两条直线的倾斜角相等，则它们的斜率相等

C. 任何一条直线都有倾斜角和斜率

D. 直线斜率的范围是 $(-\infty，+\infty)$

2. 如图所示，直线 l_1，l_2，l_3 的斜率分别为 k_1，k_2，k_3，则下列结论正确的是（   ）。

A. $k_3 > k_2 > k_1$ B. $k_1 > k_2 > k_3$

C. $k_2 > k_1 > k_3$ D. $k_3 > k_1 > k_2$

第 2 题图

3. 若一条直线不经过第一象限，则其斜率 k（   ）。

A. 小于 0 B. 等于 0

C. 不存在   D. 以上均有可能

4. 已知点 $A(2，3)$ 和 $B(4，1)$，若过原点的直线 l 与线段 AB 有公共点，试求直线 l 的斜率的范围。

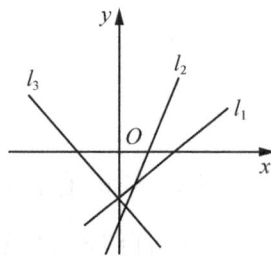

6.3 直线方程

6.3.1 直线的点斜式方程

课标要求	知识脉络
掌握直线的点斜式方程	点斜式方程 —— 方程的结构特征 应用 —— 根据条件求方程 / 根据方程求斜率、定点

➜ **知识准备**

1. 平面内确定一条直线的方法。

(1)经过一点沿着所指方向可确定一条直线. 图 6-8(1)中,画出经过点 P 沿所指方向的直线。

(2)直线公理:_____点确定一条直线. 图 6-8(2)中,画出经过点 P 和点 Q 的直线。

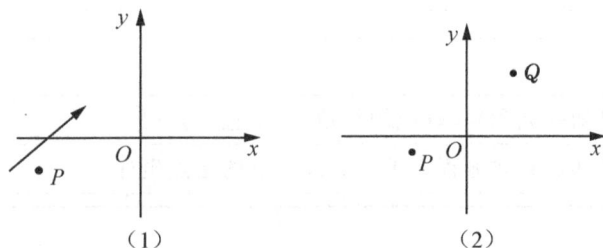

图 6-8

2. 求直线的斜率。

(1)已知直线的倾斜角为 $60°$,则直线的斜率为_____。

(2)若直线经过点 $A(-1,2)$ 和 $B(3,0)$,则该直线的斜率为_____。

(3)已知直线的倾斜角为 α,且 $\sin \alpha = \dfrac{3}{5}$,则该直线的斜率为_____。

(4)直线 l 经过点 $P(-1,2)$,点 $Q(x,y)$ 是直线 l 上任意一点,且 $x \neq -1$,则直线 l 的斜率 $k =$_____。

➡ 知识要点

知识点一　直线的方程

直线的方程	如果一个方程满足以下两点，就把这个方程称为直线 l 的方程： (1)直线 l 上任意一点的坐标 $(x，y)$ 都满足这个方程； (2)满足该方程的每一个数对所对应的点都在直线 l 上

知识点二　直线的点斜式方程

直线的点斜式方程 的概念	由直线上一点和直线的斜率确定的直线方程，叫直线的点斜式方程			
直线的点斜式方程	已知条件	示意图	方程	适用范围
	点 $P(x_0，y_0)$ 和斜率 k		$y-y_0=k(x-x_0)$	斜率存在
	注意：(1)当直线的倾斜角为 $0°$ 且过点 $P_1(x_1，y_1)$ 时，直线 l 平行于 x 轴(垂直于 y 轴)，斜率是 0，其方程是 $y=y_1$。 (2)当直线的倾斜角为 $90°$ 且过点 $P_1(x_1，y_1)$ 时，直线 l 平行于 y 轴(垂直于 x 轴)，斜率不存在，其方程是 $x=x_1$			

知识点三　应用

应用1	已知一点和斜率(或倾斜角)，求直线方程
应用2	已知点斜式方程，求该直线经过的定点坐标

➡ 典例精析

例　在下列各条件下，分别求出直线的方程：

(1)直线经过点 $P_0(1，2)$，且倾斜角为 $45°$；

(2)直线经过点 $P_1(3，2)$ 和 $P_2(-1，-1)$。

解　(1)因为倾斜角 $\alpha=45°$，

所以斜率 $k=\tan \alpha=\tan 45°=1$。

又因为直线经过点 $P_0(1，2)$，

所以直线方程为 $y-2=1\times(x-1)$，

即 $x-y+1=0$。

(2)因为直线经过点 $P_1(3，2)$ 和 $P_2(-1，-1)$，

所以斜率 $k=\dfrac{-1-2}{-1-3}=\dfrac{3}{4}$。

又因为直线经过点 $P_1(3，2)$，

所以直线方程为 $y-2=\dfrac{3}{4}(x-3)$，即 $3x-4y-1=0$。

解题反思

(1)根据点斜式方程的特征，求解方程需要具备两个条件：①已知点；②已知斜率。这两个条件缺一不可，缺哪个条件，就需要去找或者求这个条件。

(2)若已知两点，往往由这两点求出斜率，再选择其中任意一点，写出直线的点斜式方程。

→ 训练测评 ————————————————————————●

【基础达标训练】

一、选择题

1. 已知直线 l 的点斜式方程为 $y-2=x-1$，则该直线的倾斜角为(　　)。

A. 0 　　　　　　 B. π 　　　　　　 C. $\dfrac{\pi}{2}$ 　　　　　　 D. $\dfrac{\pi}{4}$

2. 若过点 $(-1，2)$ 的直线的斜率为 $\dfrac{\sqrt{3}}{2}$，则该直线的方程为(　　)。

A. $y-1=\dfrac{\sqrt{3}}{2}(x-2)$ 　　　　　　　　 B. $y+1=\dfrac{\sqrt{3}}{2}(x-2)$

C. $y-2=\dfrac{\sqrt{3}}{2}(x+1)$ 　　　　　　　　 D. $y+2=\dfrac{\sqrt{3}}{2}(x-1)$

3. 一直线过点 $A(1，0)$ 和 $B(-1，2)$，则直线 AB 的方程为(　　)。

A. $x+y-1=0$ 　　 B. $x+y+1=0$ 　　 C. $x-y-1=0$ 　　 D. $x-y+1=0$

4. 已知某直线的点斜式方程为 $y+2=2(x-3)$，那么该直线一定经过的点是(　　)。

A. $(3，2)$ 　　　　 B. $(3，-2)$ 　　　　 C. $(-3，2)$ 　　　　 D. $(-3，-2)$

5. 直线 l 过 $(a，b)$，$(b，a)$ 两点，其中 a 与 b 不相等，则(　　)。

A. l 与 x 轴垂直 　　　　　　　　 B. l 与 y 轴垂直

C. l 过第一、第二、第三象限 　　　　 D. l 的倾斜角为 $\dfrac{3}{4}\pi$

二、填空题

6. 若点 $A(x_0, y_0)$ 在直线 $ax+by+c=0$ 上，则 _____ ，若点 A 不在直线 $ax+by+c=0$ 上，则 _____ 。

7. 已知点 $P(3, m)$ 在过点 $M(2, -1)$ 和点 $N(-3, 4)$ 的直线上，则 m 的值是 _____ 。

三、解答题

8. 如图，已知点 $P_0(1, 2)$，过该点分别作平行于 x 轴和垂直于 x 轴的直线，请分别写出它们的直线方程及斜率。

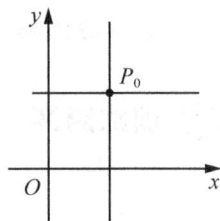

第 8 题图

9. 求满足下列条件的直线方程：

(1) 经过原点且其倾斜角是直线 $x=-3$ 倾斜角的一半；

(2) 经过点 $(1, -2)$，且该直线与 x 轴交于点 $(3, 0)$。

【能力提高训练】

1. 若直线 $ax+(2a-3)y=0$ 的倾斜角为 $45°$，则 a 的值为（   ）。

A. 2   B. -2 C. 1   D. -1

2. 经过点 $(2, 1)$ 且倾斜角的余弦值是 $\dfrac{5}{13}$ 的直线方程是 _____ 。

3. 设直线 l_1，l_2 关于 y 轴对称，已知直线 l_1 的方程为 $y = -3x + 1$，则直线 l_2 的方程为 _____。

4. 若光线发射从点 $A(-3，5)$ 发出，射到 x 轴上被 x 轴反射后到达接收点 $B(3，9)$，求此光线所经过的路程的长。

5. 如图所示，某房地产公司要在荒地 $ABCDE$ 上划出一块长方形地面（不改变方位）建造一幢 8 层楼公寓，问如何设计才能使公寓占地面积最大？请求出最大面积（精确到 $1\ m^2$）。

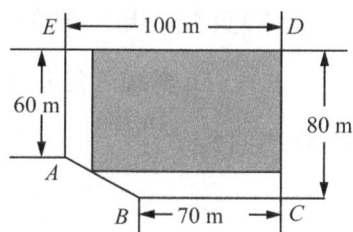

第 5 题图

6.3.2 直线的斜截式方程

课标要求	知识脉络
掌握直线的斜截式方程	斜截式方程 — 截距 — 横截距 / 纵截距 斜截式方程 — 方程 斜截式方程 — 应用

知识准备

1. 一次函数 $y=kx+b$ 的图像如图 6-9 所示。

(1)图像与坐标轴的交点坐标分别是 A( )，B( )。

(2)$k=$_____，$b=$_____。

(3)该一次函数的解析式为_____。

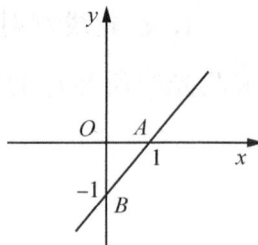

图 6-9

2. 已知直线 l 的斜率为 2，且经过点 $(0，3)$。

(1)直线 l 的点斜式方程为_____。

(2)化为一次函数的一般形式为_____。

3. 已知直线 l 经过点 $M(2，-1)$ 和 $N(-1，5)$。

(1)直线 l 的斜率为_____。

(2)直线 l 的方程为_____。

(3)直线 l 与 x 轴的交点坐标是 A( )，与 y 轴的交点坐标是 B( )。

4. 已知直线 l 经过 y 轴上一点 $P(0，-2)$，斜率 $k=-1$，在平面直角坐标系(图 6-10)中画出直线 l。

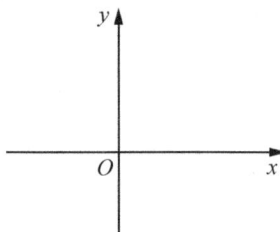

图 6-10

知识要点

知识点一　横截距与纵截距	
截距的定义	设直线 l 与 x 轴交于点 $A(a，0)$，与 y 轴交于点 $B(0，b)$，则 a 叫作直线 l 在 x 轴上的截距(或横截距)；b 叫作直线 l 在 y 轴上的截距(或纵截距)
截距的特征	截距不是距离而是一个实数，可正、可负、可为零

知识点二　直线的斜截式方程	
直线的斜截式方程	直线在 y 轴上的截距是 b，斜率为 k，则直线的方程为 $y=kx+b$

续表

知识点三　应用	
应用 1	已知直线方程求该直线的横截距与纵截距
应用 2	将直线的点斜式方程转化为斜截式方程

注意：(1)直线的斜截式方程只适用于斜率存在的直线；
(2)一条给定的直线的斜截式方程是唯一的；直线斜率决定直线的倾斜程度，纵截距决定直线与 y 轴的交点

➔ 典例精析

例　已知直线 l 过点 $P(1，-2)$，且倾斜角为 $135°$，求直线 l 的点斜式方程和斜截式方程，在平面直角坐标系中画出直线 l，并指出其在坐标轴上的截距。

解　(1)因为倾斜角 $α=135°$，

所以斜率 $k=\tan α=\tan 135°=-1$。

又因为直线 l 经过点 $P(1，-2)$，

所以直线 l 的点斜式方程为 $y+2=-1×(x-1)$，

即 $x+y+1=0$。

当 $x=0$ 时，纵截距 $y=-1$。

当 $y=0$ 时，横截距 $x=-1$。

所以直线 l 的斜截式方程为 $y=-x-1$。

直线 l 的图像如图 6-11 所示。

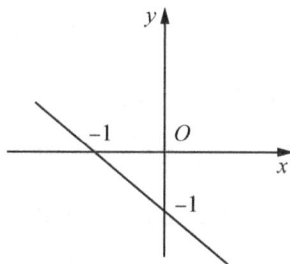

图 6-11

解题反思

(1)求直线的斜截式方程需要确定直线的两个条件：(1)斜率；(2)在 y 轴上的截距。

(2)几种特殊直线如表 6-4 所示：

表 6-4

直线位置	x 轴	y 轴	第一、第三象限角平分线	第二、第四象限角平分线	过点 $(x_0，y_0)$ 且垂直于 x 轴	过点 $(x_0，y_0)$ 且平行于 x 轴
斜率	0	不存在	1	-1	不存在	0
对应方程	$y=0$	$x=0$	$y=x$	$y=-x$	$x=x_0$	$y=y_0$

→ 训练测评 ─────────────────────────────────●

【基础达标训练】

一、选择题

1. 下面四个直线方程中，可以看作是直线的斜截式方程的是（   ）。

   A. $x=3$ B. $y=x-5$ C. $2y=x$ D. $x=4y-1$

2. 如图，直线的横截距、纵截距分别是（   ）。

   A. 1，3   B. 3，1

   C. -1，3   D. 3，-1

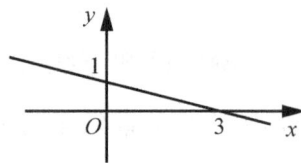

第 2 题图

3. 已知直线的斜率是 2，在 y 轴上的截距是 -3，则此直线方程是（   ）。

   A. $2x-y-3=0$ B. $2x-y+3=0$

   C. $2x+y+3=0$ D. $2x+y-3=0$

4. 如图，若直线 $y=kx+b$ 通过第一、第三、第四象限，则有（   ）。

   A. $k>0$，$b>0$ B. $k>0$，$b<0$

   C. $k<0$，$b>0$ D. $k<0$，$b<0$

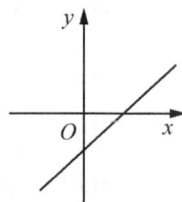

5. 经过点 $(0，2)$，且倾斜角为 $45°$ 的直线方程是（   ）。

   A. $y=-x+2$ B. $y=-x-2$

   C. $y=x+2$ D. $y=x-2$

第 4 题图

6. 已知直线 m：$y+2=-x-1$，则（   ）。

   A. 直线 m 经过点 $(2，-1)$，斜率为 -1

   B. 直线 m 经过点 $(-2，-1)$，斜率为 1

   C. 直线 m 经过点 $(-1，-2)$，斜率为 -1

   D. 直线 m 经过点 $(1，-2)$，斜率为 -1

二、填空题

7. 倾斜角为 $45°$，且在 y 轴上的截距为 -5 的直线方程是＿＿＿＿＿＿＿＿。

8. 已知直线 $y=4x+8$，则该直线与坐标轴所围成的三角形的面积为＿＿＿＿＿＿＿＿。

三、解答题

9. 已知点 $A(-2，2)$ 和直线 $l：y=-2(x-1)$。

(1)求过点 A 且与直线 l 斜率相同的直线的方程。

(2)求过点 A 且斜率为直线 l 的斜率的两倍的直线方程。

【能力提高训练】

1. 直线 $l_1：y=ax+b$ 与直线 $l_2：y=bx+a(ab\neq0$，且 $a\neq b)$ 在同一平面直角坐标系内的图像可能是(　　)。

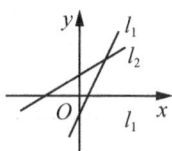
A.

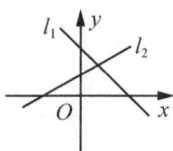
B.

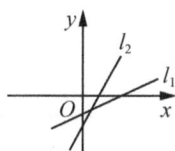
C.

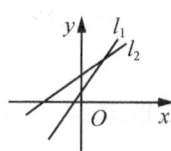
D.

2. 直线 l 的倾斜角比直线 $y=x+\dfrac{1}{2}$ 的倾斜角大 $45°$，且经过点 $(-1，2)$，则直线 l 的方程为 _____。

3. 若直线 $(2m^2+m-3)x+(m^2-m)y=4m-1$ 在 x 轴上的截距为 1，则实数 m 的值是 _____。

4. 直线 l 经过点 $P(-2，3)$ 且与 x 轴、y 轴分别交于 A，B 两点。若 P 恰为线段 AB 的中点，求直线 l 的方程。

6.3.3 直线的一般方程

课标要求	知识脉络
1. 了解直线方程的一般式形式； 2. 掌握直线的点斜式方程化为一般式方程的方法； 3. 掌握直线的斜截式方程与一般式方程之间的互化	一般式方程 —— 方程特征 两个量的计算公式 —— 斜率 k y 轴上的截距 b

知识准备

1. 含有两个未知数，并且含有未知数的项的次数都是 1 的整式方程叫作二元一次方程. 其一般形式为 _____。

对比上式，二元一次方程 $2x-3y=5$ 中，$A=$ _____，$B=$ _____，$C=$ _____。

2. 把方程 $y-5=-2(x-3)$ 化为二元一次方程的一般形式为 _____。

化为一次函数的形式为 _____。

知识要点

知识点一 直线的一般式方程的概念

直线的一般式方程	形如 $Ax+By+C=0$（其中 A，B，C 为常数，且 A，B 不同时为 0）

知识点二 直线 $Ax+By+C=0$ 的斜率和截距

条件	k	b	图像特征
$B\neq0$	$k=-\dfrac{A}{B}$	$b=-\dfrac{C}{B}$	过 $\left(0,-\dfrac{C}{B}\right)$ 且斜率为 $-\dfrac{A}{B}$ 的一条直线
$A=0$，$B\neq0$	0	$b=-\dfrac{C}{B}$	过 $\left(0,-\dfrac{C}{B}\right)$ 且平行于 x 轴的直线
$A\neq0$，$B=0$	不存在	不存在	过 $\left(-\dfrac{C}{A},0\right)$ 且平行于 y 轴的直线

典例精析

例 设直线 l 的方程为 $(m^2-2m-3)x-(2m^2+m-1)y+6-2m=0$。

（1）若直线 l 在 x 轴上的截距为 -3，则 $m=$ _____。

(2)若直线 l 的斜率为 1，则 $m=$ _____。

解析 （1）令 $y=0$，则 $x=\dfrac{2m-6}{m^2-2m-3}$，

所以 $\dfrac{2m-6}{m^2-2m-3}=-3$，解得 $m=-\dfrac{5}{3}$ 或 $m=3$（此时直线方程为 $y=0$，为 x 轴，不符合题意，舍去）。

故 $m=-\dfrac{5}{3}$。

（2）将直线 l 的方程化为斜截式方程，

得 $y=\dfrac{m^2-2m-3}{2m^2+m-1}x+\dfrac{6-2m}{2m^2+m-1}$，

则 $\dfrac{m^2-2m-3}{2m^2+m-1}=1$，

解得 $m=-2$ 或 $m=-1$（此时直线不存在，舍去）。

所以 $m=-2$。

解题反思

(1)在没有特别说明的情况下，要将直线方程化为一般式方程。

(2)若方程 $Ax+By+C=0$ 表示直线，则需满足 A，B 不同时为 0。

(3)根据直线的一般式方程 $Ax+By+C=0$ 求斜率的方法有两种：①利用公式 $k=-\dfrac{A}{B}$；②化为斜截式方程求 k。

➡ 训练测评 ────────────────────────────────●

【基础达标训练】

一、选择题

1. 直线 $5x-2y-10=0$ 在 x 轴上的截距为 a，在 y 轴上的截距为 b，则（　　）。

A. $a=2$，$b=5$ 　　　　　　　B. $a=2$，$b=-5$

C. $a=-2$，$b=5$ 　　　　　　D. $a=-2$，$b=-5$

2. 已知直线 $x-6y+3=0$，那么该直线的斜率 k 和纵截距 b 分别为（　　）。

A. $k=6$，$b=3$ 　　B. $k=6$，$b=-3$ 　　C. $k=\dfrac{1}{6}$，$b=\dfrac{1}{2}$ 　　D. $k=\dfrac{1}{6}$，$b=-\dfrac{1}{2}$

3. 过点 $P(-2，1)$ 且与 x 轴平行的直线方程为(　　)。

A. $x=-2$　　　　B. $x=-1$　　　　C. $y=-2$　　　　D. $y=1$

4. 将直线 l：$x-y+2=0$ 化成斜截式方程为(　　)。

A. $y=x+2$　　　　B. $y=x-2$　　　　C. $y=-x+2$　　　　D. $y=-x-2$

二、填空题

5. 过点 $A(1，-1)$ 且斜率为 $k=-2$ 的直线的点斜式方程是＿＿＿＿＿＿＿，一般式方程为＿＿＿＿＿＿＿。

6. 已知直线 l：$x-2y-6=0$。

(1)化成斜截式方程为＿＿＿＿＿＿＿。

(2)其斜率为＿＿＿＿。

(3)在 x 轴、y 轴上的截距分别是＿＿＿，＿＿＿。

7. 过点 $\left(-\dfrac{1}{2}，4\right)$ 且垂直于 y 轴的直线方程为＿＿＿＿＿。

三、解答题

8. 根据下列各条件写出直线的方程，并化成一般式。

(1)斜率是 $-\dfrac{1}{2}$，经过点 $M(2，-2)$；　　　　(2)经过点 $N(4，-1)$，平行于 x 轴；

(3)在 x 轴和 y 轴上的截距分别是 3，-3；　　　　(4)经过两点 $P_1(1，-2)$ 和 $P_2(1，4)$。

【能力提高训练】

1. 若 $a-b+c=0$，则直线 $ax+by+c=0$ 必经过的一个定点是(　　)。

A. $(1，1)$　　　　B. $(-1，1)$　　　　C. $(1，-1)$　　　　D. $(-1，-1)$

2. 直线 $ax+by=1(ab\neq0)$ 与两坐标轴围成的图形的面积是(　　)。

A. $\dfrac{1}{2}ab$ 　　　　 B. $\dfrac{1}{2}|ab|$ 　　　　 C. $\dfrac{1}{2ab}$ 　　　　 D. $\dfrac{1}{2|ab|}$

3. 瑞士数学家欧拉(Leonhard Euler)1765 年在其所著的《三角形的几何学》一书中提出：任意三角形的外心(外接圆的圆心)、重心(三条中线的交点)、垂心(三条垂线的交点)在同一条直线上，且重心到外心的距离是重心到垂心距离的一半，后人称这条直线为欧拉线。已知 $\triangle ABC$ 的顶点 $A(-4,0)$ 和 $B(0,4)$，其欧拉线方程为 $x-y+2=0$，则顶点 C 的坐标可能是(　　)。

A. $(2,0)$ 　　　　 B. $(0,2)$ 　　　　 C. $(-1,0)$ 　　　　 D. $(0,-1)$

4. 设直线 l 的方程为 $2x+(k-3)y-2k+6=0(k\neq3)$，根据下列条件分别确定 k 的值：

(1)直线 l 的斜率为 -1；

(2)直线 l 在 x 轴、y 轴上的截距之和等于 0。

5. 已知直线 l 的倾斜角 α 满足 $3\cos\alpha=-4\sin\alpha$，并且与 y 轴相交于 $(0,3)$，求：

(1)直线 l 的一般式方程；

(2)直线 l 与坐标轴所围成的三角形的面积。

6.4 两条相交直线的交点

课标要求	知识脉络
掌握求两条相交直线的交点坐标的方法	相交直线的判定 两条直线相交 — 应用 — 求交点坐标 / 已知交点求方程

知识准备

1. 在同一平面内的两条直线的位置关系。

(1)无公共交点，两直线＿＿＿＿＿＿＿＿。

(2)有且只有一个公共交点，两直线＿＿＿＿＿＿＿＿。

(3)有两个公共交点，两直线＿＿＿＿＿＿＿＿。

2. 直线方程的几种形式。

(1)经过点 $A(2，-1)$，且倾斜角为 $135°$ 的直线方程为＿＿＿＿＿＿＿。

(2)经过 $A(2，0)$ 和 $B(0，-1)$ 两点的直线方程为＿＿＿＿＿＿＿。

(3)斜率为 $\dfrac{1}{2}$ 且在 y 轴上的截距为 -2 的直线方程为＿＿＿＿＿＿。

(4)把直线方程 $3(1-2x)-2(y-x)=1$ 化为一般式方程为＿＿＿＿＿＿＿。

3. 解方程组 $\begin{cases} 2x+3y=0, \\ x-y=5. \end{cases}$

方法一：加减消元法。

方法二：代入消元法。

→ 知识要点

知识点一 同一平面内两条直线的位置关系的判断方法	
代数判断法	设两条直线 l_1：$A_1x+B_1y+C_1=0$ 和 l_2：$A_2x+B_2y+C_2=0$。 联立 l_1 和 l_2 的方程得方程组 $\begin{cases} A_1x+B_1y+C_1=0, \\ A_2x+B_2y+C_2=0. \end{cases}$ (1)方程组有唯一解，则两条直线相交(交点坐标就是方程组的解)。 (2)方程组无解，则两条直线平行(两直线无公共交点)。 (3)方程组有无数个解，则两条直线重合(有无数个公共点)

知识点二 求两条相交直线的交点坐标	
方法	解方程组：加减消元法和代入消元法

知识应用	
应用1	在同一平面中判断两条直线的位置关系
应用2	求两条相交直线的交点坐标
应用3	构建数学模型解决生活中的实际问题

→ 典例精析

例 求经过点 $P(1，0)$ 和两条直线 l_1：$x+2y-2=0$，l_2：$3x-2y+2=0$ 交点的直线方程。

解 方法一：解方程组 $\begin{cases} x+2y-2=0, \\ 3x-2y+2=0 \end{cases}$ 得 $\begin{cases} x=0, \\ y=1。 \end{cases}$ 故交点坐标为$(0，1)$。所求直线的斜率 $k=\dfrac{1-0}{0-1}=-1$，所以所求直线的方程为 $y=-x+1$。

方法二：待定系数法。设所求直线的方程为 $x+2y-2+\lambda(3x-2y+2)=0$，

因为点 $P(1，0)$ 在直线上，所以 $1-2+\lambda(3+2)=0$. 解得 $\lambda=\dfrac{1}{5}$。

所以所求直线方程为 $x+2y-2+\dfrac{1}{5}(3x-2y+2)=0$，

即 $x+y-1=0$。

例2 无论实数 a 取何值，方程$(a-1)x-y+2a-1=0$ 表示的直线恒过定点，试求该定点。

解 由 $(a-1)x-y+2a-1=0$ 整理得 $a(x+2)+(-x-y-1)=0$。

所以已知直线一定恒过直线 $-x-y-1=0$ 和直线 $x+2=0$ 的交点，

即 $\begin{cases} -x-y-1=0, \\ x+2=0, \end{cases}$ 解得 $\begin{cases} x=-2, \\ y=1。 \end{cases}$

所以该定点的坐标为 $(-2，1)$。

解题反思

(1)两条直线相交的判定方法。

①代数判断法：解方程组，方程组有解，则两条直线相交。

②斜率判断法：

a. 两条直线均存在斜率，若斜率不相等，则这两条直线相交；

b. 若一条直线有斜率，另一条直线没有斜率，则这两条直线相交。

(2)直线系方程。

①概念：经过同一点的直线有无数条，这无数条直线的集合称为经过这一点的直线系方程。

②特征：方程中至少含有一个参数，且参数的取值为任意实数。

③求定点的方法：把含相同参数、不含参数的项分别组合，令这两组恒为 0 建立关于 x，y 的方程或方程组，求出两个变量 x，y 的值，进而求出定点坐标，这种方法叫作"归零法"。

如已知方程 $2x-my+2m-4=0$ 中 m 为任意实数，则有 $(-y+2)m+(2x-4)=0$，所以有 $\begin{cases} -y+2=0, \\ 2x-4=0, \end{cases}$ 解得 $\begin{cases} x=2, \\ y=2。 \end{cases}$ 故直线经过定点 $(2，2)$。

➡️ **训练测评** ━━━━━━━━━━━━━━━━━━━━━━━━━━━━━━━━━━━━●

【基础达标训练】

一、选择题

1. 直线 $x+y-1=0$ 与 x 轴的交点坐标是( )。

A. $(-1，0)$ B. $(1，0)$ C. $(0，1)$ D. $(0，-1)$

2. 直线 $3x+2y+6=0$ 和 $2x+5y-7=0$ 的交点坐标为( )。

A. $(-4，-3)$ B. $(4，3)$ C. $(-4，3)$ D. $(3，4)$

3. 过两条直线 l_1：$x-3y+4=0$ 和 l_2：$2x+y+5=0$ 的交点和原点的直线方程为（　　）。

A. $3x-19y=0$　　　B. $19x-3y=0$　　　C. $19x+3y=0$　　　D. $3x+19y=0$

4. 直线 l_1：$3x-4y-9=0$ 和 l_2：$6x-8y+5=0$ 的位置关系是（　　）。

A. 平行　　　　　　B. 相交　　　　　　C. 重合　　　　　　D. 无法确定

5. 过直线 $2x+y-8=0$ 和 $x-2y+1=0$ 的交点且与 y 轴垂直的直线方程是（　　）。

A. $x=3$　　　　　B. $y=3$　　　　　C. $x=2$　　　　　D. $y=2$

二、填空题

6. 直线 l_1：$Ax-y-1=0$ 与另一直线 l_2 的交点坐标为（2，7），则该直线 l_1 的斜率为_____。

7. 直线 l_1：$x+by=1$ 与直线 l_2：$x-y=a$ 的交点坐标为（0，2），则 $a=$_____，$b=$_____。

8. 在△ABC 中，BC 边上的高所在的直线的方程为 $x-2y+1=0$，∠A 的平分线所在直线的方程为 $y=0$，则点 A 的坐标为_____。

9. 直线 $x=-1$ 与直线 $y=3$ 的交点坐标为_____。

三、解答题

10. 判断下列各组直线是否相交，若相交求出其交点坐标，并作图。

(1) l_1：$5x-8y-9=0$ 与 l_2：$y=-x-6$。

(2) l_1：$\sqrt{3}x-\sqrt{3}y+9=0$ 与 l_2：$y=x-6$。

(3) l_1：$x=-5$ 与 l_2：$y=-6$。

11. 某通信公司为了满足不同客户需要，设有 A，B 两种优惠方案，这两种方案的应付话费（元）与通话时间（min）之间的关系如图所示（实线部分）（注：图中 $MN\parallel CD$）．试问：

(1) 若通话时间为 2 h，按方案 A，B 各应付话费多少元？

（2）方案 B 从 500 分钟以后，每分钟收费多少元？

（3）通话时间在什么范围内，方案 B 比方案 A 优惠？

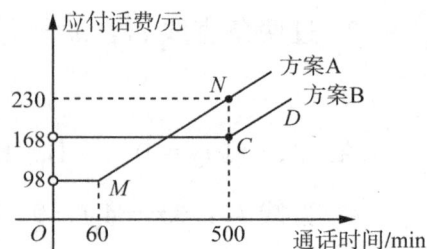

第 11 题图

【能力提高训练】

1. 若两条直线 l_1：$2x+3y+m=0$ 与 l_2：$x+my+12=0$ 的交点在 y 轴上，那么 m 的值为（　　）。

A. -24　　　　　　B. 6　　　　　　C. ±6　　　　　　D. 以上都不对

2. 求证：不论 m 为何值，直线 $(m-1)x+(2m-1)y=m-5$ 都通过一定点。

6.5 两条直线平行的条件

课标要求	知识脉络
1. 理解两条直线平行的条件； 2. 掌握两条直线平行的判定方法	两条直线平行　判定　应用

➡ **知识准备**

1. 作函数图像的三个步骤：列表→_____→_____。

2. 分别在同一平面直角坐标系(图 6-12(1)和图 6-12(2))中画出下列两组直线：

(1)$y=2x-1$ 与 $y=2x+3$；　　　　　(2)$y=x+2$ 与 $y=2x-1$。

(3)观察图像并回答下列问题：

①图 6-12(1)中两条直线的斜率有什么特点？这两条直线的位置关系如何？

②图 6-12(2)中两条直线的斜率有什么特点？这两条直线的位置关系如何？

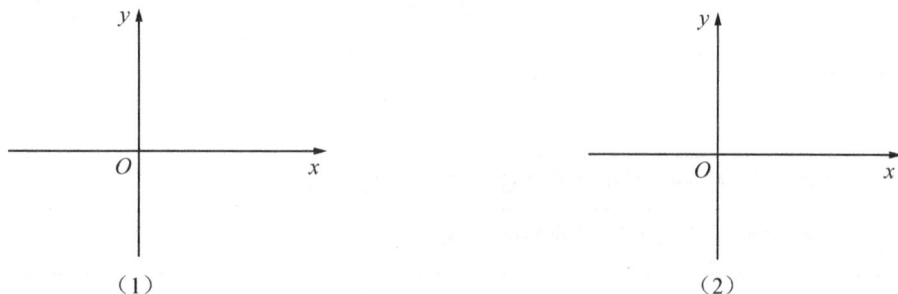

图 6-12

3. 设直线 l_1 和 l_2 的倾斜角分别为 α_1 和 α_2，它们的方程分别是 l_1：$y=k_1x+b_1$，l_2：$y=k_2x+b_2$。

(1)如果 $l_1/\!/l_2$，那么 α_1，α_2 的关系是_____，k_1，k_2 的关系是_____。

(2)如果 $k_1=k_2$，那么 l_1 与 l_2 一定平行吗？为什么？

4. 在平面直角坐标系中画出直线 $x=2$ 和 $x=-1$，并判断这两条直线是否平行？

➔ 知识要点

知识点一　两条直线平行的判定			
两条直线(不重合)平行的判定	类型	斜率存在	斜率不存在
	前提条件	$\alpha_1=\alpha_2\neq90°$	$\alpha_1=\alpha_2=90°$
	对应关系	$l_1/\!/l_2\Leftrightarrow k_1=k_2$ 且 $b_1\neq b_2$	$l_1/\!/l_2\Leftrightarrow$两直线的斜率都不存在
	图示		

知识点二　应用	
应用1	应用两直线平行时的斜率关系解决相应的几何问题
应用2	构建数学模型解决生活中的实际问题

➔ 典例精析

例1 已知两条直线 $l_1：2x-4y+7=0$，$l_2：x-2y+5=0$．求证：$l_1/\!/l_2$。

证法一 因为 $l_1：y=\dfrac{1}{2}x+\dfrac{7}{4}$，$l_2：y=\dfrac{1}{2}x+\dfrac{5}{2}$，

所以 $k_1=k_2$ 且 $b_1\neq b_2$，所以 $l_1/\!/l_2$。

证法二 因为 $\dfrac{2}{1}=\dfrac{-4}{-2}\neq\dfrac{7}{5}$，所以 $l_1/\!/l_2$。

解题反思 判定或证明两条直线平行的方法。

方法一：斜率判定法，利用斜率和 y 轴上的截距进行判断(图6-13)。

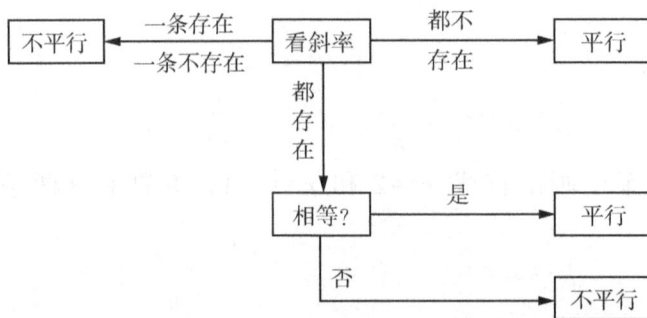

图 6-13

易错点：只考虑斜率相等，忽略截距不相等这个条件。

方法二：系数判定法，已知直线 l_1：$A_1x+B_1y+C_1=0$，l_2：$A_2x+B_2y+C_2=0$ $(A_1B_1C_1\neq0$，$A_2B_2C_2\neq0)$。若 $\dfrac{A_1}{A_2}=\dfrac{B_1}{B_2}\neq\dfrac{C_1}{C_2}$，则 $l_1//l_2$。

例 2　求过点 $A(1，-4)$ 且与直线 $2x+3y+5=0$ 平行的直线方程。

解　解法一：已知直线 $2x+3y+5=0$ 的斜率为 $-\dfrac{2}{3}$，因为所求直线与已知直线平行，所以它的斜率也是 $-\dfrac{2}{3}$。

得到所求直线的点斜式方程是 $y+4=-\dfrac{2}{3}(x-1)$，即 $2x+3y+10=0$。

解法二：设与直线 $2x+3y+5=0$ 平行的直线 l 的方程为 $2x+3y+\lambda=0$。

因为直线 l 经过点 $A(1，-4)$，所以 $2\times1+3\times(-4)+\lambda=0$，解得 $\lambda=10$。

所以所求直线的方程为 $2x+3y+10=0$。

解题反思　求与已知直线平行的直线方程的方法。

(1)直接法：由斜率和点的坐标，直接写出直线的点斜式方程。

(2)待定系数法：与直线 $Ax+By+C=0$ 平行的直线方程可设为 $Ax+By+\lambda=0(\lambda\neq C)$，其中 λ 为待定系数。将已知点的坐标代入所设直线方程求出 λ。

➔ 训练测评 ────────────────────────────────●

【基础达标训练】

一、选择题

1. 下列直线与直线 $x-y-1=0$ 的斜率相同的是(　　)。

A. $y=1$ 　　　　B. $x=-1$ 　　　　C. $2x-2y-3=0$ 　D. $y=-x-1$

2. 过点 $A(-2，m)$ 和 $B(m，4)$ 的直线与斜率为 -2 的直线平行，则 m 的值是(　　)。

A. -8 　　　　B. 0 　　　　C. 2 　　　　D. 10

3. 过点 $A(2，5)$ 和 $B(-4，5)$ 的直线与直线 $y=3$ 的位置关系是(　　)。

A. 相交 　　　　B. 平行 　　　　C. 重合 　　　　D. 以上都不对

4. 直线 l_1 的斜率为 2，$l_1//l_2$，直线 l_2 过点 $(-1，1)$ 且与 y 轴交于点 P，则点 P 的坐

标为(　　)。

A. $(3，0)$ 　　　B. $(-3，0)$ 　　　C. $(0，-3)$ 　　　D. $(0，3)$

5. 若三点$(2，3)$，$(a，4)$，$(8，a)$在同一条直线上，则$a=($　　$)$。

A. 0 　　　　　B. 5 　　　　　C. -2 或 0 　　　D. 0 或 5

二、填空题

6. 与 y 轴平行且过点$(5，1)$的直线方程为 _____。

7. 若$l_1 /\!/ l_2$，斜率分别为k_1，k_2，且$\alpha_1=45°$，那么$k_2=$ _____。

8. 若经过点$(m，3)$和点$(2，m)$的直线l与斜率为-4的直线互相平行，则m的值是 _____.

三、解答题

9. 求过点 $A(2，1)$，且与直线 $2x+y-10=0$ 平行的直线 l 的方程。

10. 求使直线 $x-2ay=1$ 和 $2x-2ay=1$ 平行的实数 a 的取值。

【能力提高训练】

1. 若过点 $P(3，2m)$ 和 $Q(-m，2)$ 的直线与过点 $M(2，-1)$ 和 $N(-3，4)$ 的直线平行，则 m 的值是(　　)。

A. $\dfrac{1}{3}$ 　　　　　B. $-\dfrac{1}{3}$ 　　　　　C. 2 　　　　　D. -2

2. 如图，在平面直角坐标系中，以 $O(0，0)$，$A(1，1)$，$B(3，0)$ 为顶点构造平行四边形，则下列各点不能作为平行四边形顶点坐标的是（ ）。

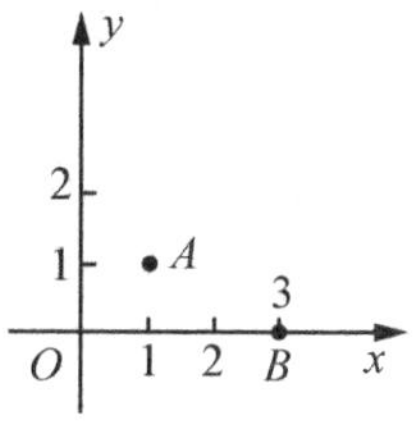

A. $(-3，1)$ B. $(4，1)$

C. $(-2，1)$ D. $(2，-1)$

第 2 题图

3. 直线 l_1，l_2 的斜率 k_1，k_2 是关于 k 的方程 $2k^2-4k+m=0$ 的两根，若 $l_1 /\!/ l_2$，则 $m=$ _____。

4. 过两点 $A(1，1)$，$B(2m^2+1，m-2)$ 的直线。

(1)当 m 为何值时，直线的倾斜角为 $135°$？

(2)当 m 为何值时，直线与过 $(2，-3)$，$(-4，9)$ 两点的直线平行？

6.6 两条直线垂直的条件

课标要求	知识脉络
1. 理解两条直线垂直的条件； 2. 掌握两条直线垂直的判定方法	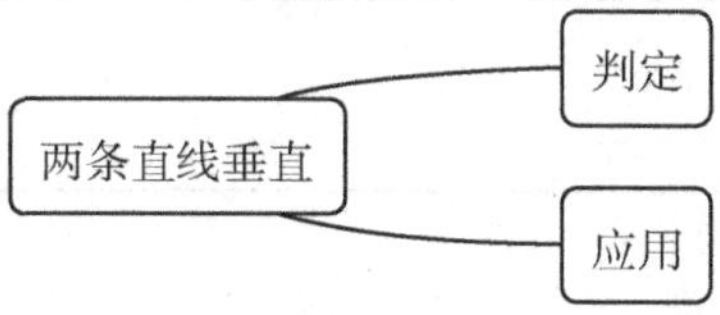 两条直线垂直 —— 判定 / 应用

➜ **知识准备**

1. 如图 6-14 所示，已知点 $P_0(1，2)$。

(1)过该点 P_0 分别作平行于 x 轴的直线 l_1 和垂直于 x 轴的直线 l_2。

(2)直线 l_1 的方程为 _____，其斜率为 _____；直线 l_2 的方程为 _____，其斜率的情况是 _____。

（3）观察：直线 l_1 和 l_2 有何位置关系？

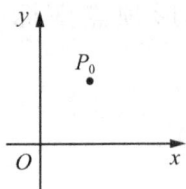

图 6-14

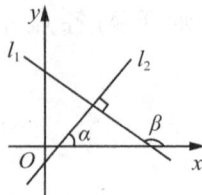

图 6-15

2. 如图 6-15 所示，直线 $l_1 \perp l_2$，它们的倾斜角 α，β 的关系式为 _____；若 $\tan \alpha = 2$，则 $\tan \beta = $ _____。

知识要点

知识点一 两条直线垂直的判定		
两条直线垂直的判定	图示	(图) l_2 l_1 α_1 α_2 O x	(图) l_1 l_2 O x
	对应关系	$l_1 \perp l_2$（两直线的斜率都存在）$\Leftrightarrow$ $k_1 k_2 = -1$	l_1 的斜率不存在，l_2 的斜率为 $0 \Leftrightarrow$ $l_1 \perp l_2$

知识点二 应用	
应用 1	应用两条直线垂直时的斜率关系解决相应的几何问题
应用 2	构建数学模型解决生活中的实际问题

典例精析

例 1 已知两条直线 l_1：$2x + y + 7 = 0$，l_2：$x - 2y + 5 = 0$，求证：$l_1 \perp l_2$。

证法一 因为 l_1：$y = -2x - 7$，l_2：$y = \dfrac{1}{2}x + \dfrac{5}{2}$，

所以 $k_1 \cdot k_2 = -1$，所以 $l_1 \perp l_2$。

证法二 因为 $2 \times 1 + 1 \times (-2) = 0$，所以 $l_1 \perp l_2$。

解题反思 判断或证明两条直线垂直的方法。

方法一：斜率判定法。若 $k_1 k_2 = -1$，则 $l_1 \perp l_2$。（特殊情况：若 $k_1 = 0$，k_2 不存在，则

$l_1 \perp l_2$)

方法二：系数判定法。设 l_1：$A_1x+B_1y+C_1=0$，l_2：$A_2x+B_2y+C_2=0$。若 $A_1A_2+B_1B_2=0$，则 $l_1 \perp l_2$。

注意：一般情况下，方法一适用于斜率均存在的情况，方法二不限斜率是否存在。

例2 求过点 $A(2，1)$，且与直线 $2x+y-10=0$ 垂直的直线 l 的方程。

解 解法一：将 $2x+y-10=0$ 变成斜截式方程为 $y=-2x+10$，则 $k=-2$。

所以 $k_l=\dfrac{1}{2}$，所以经过点 $A(2，1)$ 的直线 l 的点斜式方程为 $y-1=\dfrac{1}{2}(x-2)$，即 $x-2y=0$。

故所求的直线 l 的方程为 $x-2y=0$。

解法二：设与直线 $2x+y-10=0$ 垂直的直线方程为 $x-2y+\lambda=0$，

因为直线 l 经过点 $A(2，1)$，所以 $2-2\times1+\lambda=0$，解得 $\lambda=0$。

故所求的直线 l 的方程为 $x-2y=0$。

解题反思

(1)两条直线垂直时，已知一条直线的斜率，可利用 $k_1k_2=-1$ 求另一条直线的斜率。

(2)待定系数法：一般地，与直线 $Ax+By+C=0$ 垂直的直线的方程可设为 $Bx-Ay+\lambda=0$（其中 λ 为待定系数）。

➔ 训练测评 ●

【基础达标训练】

一、选择题

1. 已知直线 $l_1 \perp l_2$，且直线 l_1 的斜率 $k_1=1$，那么直线 l_2 的斜率 k_2 的值是(　　)。

A. 0　　　　　　B. 1　　　　　　C. -1　　　　　　D. 不存在

2. 下列命题中，正确的是(　　)。

A. 斜率相等的两直线一定平行

B. 两平行直线的斜率一定相等

C. 斜率的乘积为 -1 的两条直线一定相互垂直

D. 两条相互垂直直线的斜率的乘积一定为 -1

3. 直线 l_1 的斜率是 $\dfrac{\sqrt{3}}{3}$，绕其与 x 轴的交点逆时针方向旋转 $90°$，得到直线 l_2，则 l_2 的

斜率是( )。

A. $-\sqrt{3}$ B. $\sqrt{3}$ C. $\dfrac{\sqrt{3}}{3}$ D. $-\dfrac{\sqrt{3}}{3}$

4. 过点$(1，1)$且与倾斜角为$\dfrac{\pi}{2}$的直线相互垂直的直线方程是( )。

A. $y=1$ B. $x=-1$ C. $x=1$ D. $y=-1$

5. 与直线$3x-2y-7=0$垂直的直线的斜率是( )。

A. $-\dfrac{2}{3}$ B. $\dfrac{2}{3}$ C. $-\dfrac{3}{2}$ D. $\dfrac{3}{2}$

二、填空题

6. 直线l的方程为$y=2x-1$，若直线$l_1//l$，则l_1的斜率为_____；若直线$l_2\perp l$，则l_2的斜率为_____。

7. 若直线$x-2y+5=0$与直线$2x+my-6=0$互相垂直，则实数m的值为_____。

8. 已知直线$l_1\perp l_2$，若直线l_1的倾斜角为$30°$，则直线l_2的倾斜角为_____。

三、解答题

9. 判断下列各组直线的位置关系。

(1)l_1: $2x-4y=7$，l_2: $x-2y+5=0$。

(2)l_1: $x-y-2=0$，l_2: $-6x-3y+1=0$。

(3)l_1: $x-\sqrt{5}=0$，l_2: $-3y+1=0$。

10. 已知直线 l：$x-2y-7=0$，求：

(1)过点$(2，1)$且与 l 平行的直线 l_1 的方程；

(2)过点$(2，1)$且与 l 垂直的直线 l_2 的方程。

【能力提高训练】

1. 直线 $y=2x-1$ 与直线 $x+2y-1=0$ 的位置关系是（   ）。

A. 平行   B. 重合   C. 相交但不垂直   D. 相交且垂直

2. 已知点 $A(-1，2)$ 和 $B(2，-3)$，则线段 AB 的垂直平分线的方程是（   ）。

A. $5x-3y-4=0$ B. $5x+3y-1=0$ C. $3x-5y-4=0$ D. $3x+5y+1=0$

3. 过点$(2，1)$，且与 $2x-3y+1=0$ 垂直的直线方程是_____.

4. 直线 l_1，l_2 的斜率 k_1，k_2 是关于 k 的方程 $2k^2-4k+m=0$ 的两根。若 $l_1//l_2$，则 $m=$_____；若 $l_1\perp l_2$，则 $m=$_____。

5. 已知两条直线 l_1：$(3+m)x+4y=5-3m$，l_2：$2x+(5+m)y=8$。

(1)当 m 为何值时，l_1 与 l_2 相交？

(2)当 m 为何值时，l_1 与 l_2 平行？

(3)当 m 为何值时，l_1 与 l_2 垂直？

6.7 点到直线的距离公式

课标要求	知识脉络
了解点到直线的距离公式	点到直线的距离 — 概念 / 公式 / 应用 — 求距离 / 求参数 / 两平行线间的距离

知识准备

1. 如图 6-16，直线外一点到直线上的点的所有线段中，_____最短。

2. 如图 6-17，两平行线间的距离是一条直线上任意一点到另一条直线的_____。

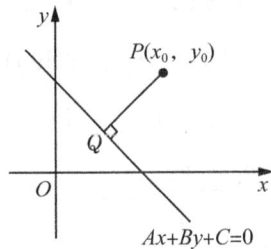

图 6-16

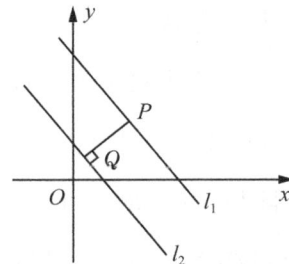

图 6-17

3. 如图 6-18，要铺设一条管道将河里的水引到水池甲中，再将水池甲中的水引到水池乙中，如何设计，路程最短？请画出铺设管道的路线图。

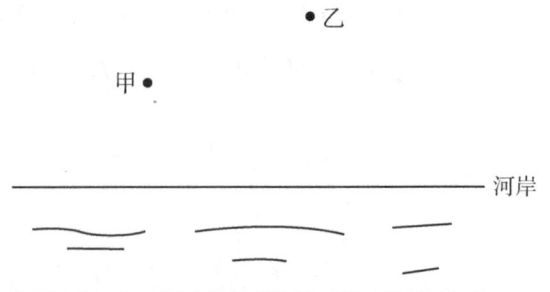

图 6-18

知识要点

<table>
<tr><td colspan="2">知识点一　点到直线的距离</td></tr>
<tr><td>定义</td><td>平面内点到直线的距离，等于过这个点作直线的垂线所得垂线段的长度</td></tr>
<tr><td>图示</td><td>

</td></tr>
<tr><td>公式</td><td>

$$d = \frac{|Ax_0 + By_0 + C|}{\sqrt{A^2 + B^2}}$$

</td></tr>
</table>

<table>
<tr><td colspan="2">知识点二　两条平行直线间的距离</td></tr>
<tr><td>定义</td><td>两条平行直线之间的距离等于其中一条直线上任意一点到另一条直线的距离</td></tr>
<tr><td>图示</td><td>

</td></tr>
<tr><td>公式</td><td>

$$d = \frac{|C_2 - C_1|}{\sqrt{A^2 + B^2}} \quad (A，B \text{ 不全为 } 0，C_1 \neq C_2)$$

</td></tr>
</table>

<table>
<tr><td colspan="2">知识点三　点到直线距离公式的应用</td></tr>
<tr><td>应用1</td><td>求三角形的高和面积</td></tr>
<tr><td>应用2</td><td>构建数学模型解决生活中的实际问题</td></tr>
</table>

典例精析

例1　求点 $P(2，-3)$ 到下列直线的距离。

$(1)y = \frac{4}{3}x + \frac{1}{3}$；$(2)3y = 4$；$(3)x = 3$。

解　$(1)y = \frac{4}{3}x + \frac{1}{3}$ 可化为 $4x - 3y + 1 = 0$。

点 $P(2，-3)$ 到该直线的距离 $d = \frac{|4 \times 2 - 3 \times (-3) + 1|}{\sqrt{4^2 + (-3)^2}} = \frac{18}{5}$。

$(2)3y = 4$ 可化为 $3y - 4 = 0$。

由点到直线的距离公式，得 $d=\dfrac{|-3\times3-4|}{\sqrt{0^2+3^2}}=\dfrac{13}{3}$。

(3)$x=3$ 可化为 $x-3=0$。

由点到直线的距离公式，得 $d=\dfrac{|1\times2-3|}{\sqrt{1^2+0^2}}=1$。

例 2 求过点 $M(-1,2)$，且与点 $A(2,3)$，$B(-4,5)$ 距离相等的直线 l 的方程。

解 由题意得，$l\parallel AB$ 或 l 过 AB 的中点，

当 $l\parallel AB$ 时，设直线 AB 的斜率为 k_{AB}，直线 l 的斜率为 k_l，

则 $k_l=k_{AB}=\dfrac{5-3}{-4-2}=-\dfrac{1}{3}$。

此时直线 l 的方程为 $y-2=-\dfrac{1}{3}(x+1)$，即 $x+3y-5=0$。

当 l 过 AB 的中点$(-1,4)$时，直线 l 的方程为 $x=-1$。

综上所述，直线 l 的方程为 $x=-1$ 或 $x+3y-5=0$。

解题反思

(1)应用点到直线的距离公式时，应注意以下三点：

①直线方程应为一般式，若给出其他形式应化为一般式；

②当点 P 在直线 l 上时，点 P 到直线 l 的距离为 0，公式仍然适用；

③对直线方程 $Ax+By+C=0$，当 $A=0$ 或 $B=0$ 时，距离公式也成立，但由于直线是特殊直线(与坐标轴垂直)，故也可用数形结合求解。

(2)当用待定系数法求直线方程时，首先要考虑斜率不存在是否满足题意。

→ 训练测评 ────────────────●

【基础达标训练】

一、选择题

1. 点$(1,-1)$到直线 $y=1$ 的距离是( )。

A. $\sqrt{2}$ B. $\dfrac{\sqrt{2}}{2}$ C. 3   D. 2

2. 已知点 $M(1,4)$ 到直线 $l:mx+y-1=0$ 的距离为 3，则实数 m 等于( )。

A. 0   B. $\dfrac{3}{4}$ C. 3   D. 0 或 $\dfrac{3}{4}$

3. 已知直线 $3x+4y-3=0$ 与直线 $6x+8y+14=0$ 平行，则它们之间的距离是（　　）。

A. 1　　　　　　　B. 2　　　　　　　C. $\dfrac{1}{2}$　　　　　　　D. 4

4. 若直线 $x-2y-1=0$ 与直线 $x-2y-C=0$ 的距离为 $2\sqrt{5}$，则 C 的值为（　　）。

A. 9　　　　　　　B. 11 或 -9　　　　　C. -11　　　　　D. 9 或 -11

5. 已知点 $(a，1)$ 到直线 $x-y+1=0$ 的距离为 1，则 a 的值为（　　）。

A. 1　　　　　　　B. -1　　　　　　C. $\sqrt{2}$　　　　　　D. $\pm\sqrt{2}$

二、填空题

6. 在直线 $3x-4y-27=0$ 上，离点 $P(2，1)$ 距离最近的点的坐标是_____。

7. 分别过点 $A(-2，1)$ 和点 $B(3，-5)$ 的两条直线均垂直于 x 轴，则这两条直线间的距离是_____。

8. 过点 $P(1，2)$ 且与原点距离最大的直线方程为_____。

三、解答题

9. 两条平行直线 $3x+4y+5=0$ 与 $6x+ay+30=0$ 间的距离为 d，求 $a+d$ 的值。

10. 已知三点 $A(1，3)$，$B(3，1)$，$C(-1，0)$，求：

(1)线段 AB 的长；

(2)A，B 两点确定的直线方程；

(3)$\triangle ABC$ 的面积。

【能力提高训练】

1. 已知直线 l_1：$2x+y-4=0$，l_2：$2x+y+2=0$，则与直线 l_1 与 l_2 距离相等的直线方程为（　　）。

A. $2x+y-1=0$　　B. $2x+y=0$　　C. $2x+y-2=0$　　D. $x-2y-1=0$

2. 已知平面直角坐标系内两点 $A(3，2)$ 和 $B(-1，4)$ 到直线 $mx+y+3=0$ 的距离相等，则实数 m 的值为_____。

3. 已知△ABC 的两顶点 A，B 在直线 l_1：$2x-y+3=0$ 上，点 C 在直线 l_2：$2x-y-1=0$ 上。若△ABC 的面积为 2，则 AB 边的长为_____。

4. 求经过点 $P(-3，4)$，且与原点的距离等于 3 的直线 l 的方程。

6.8 圆的方程

6.8.1 圆的标准方程

课标要求	知识脉络
了解圆的定义；掌握圆的标准方程	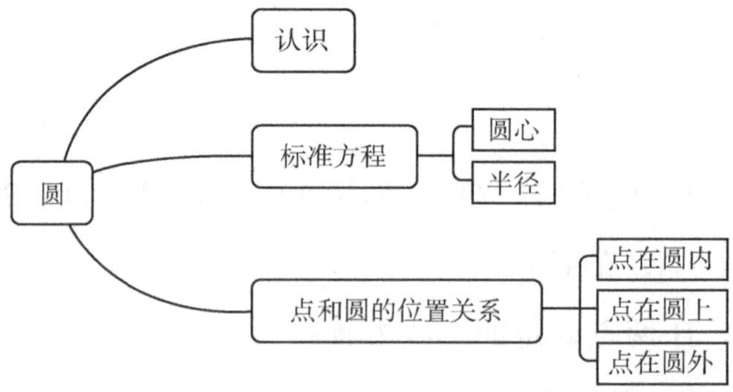

→ **知识准备**

1. 熟悉两点间的距离公式和点到直线的距离公式。

(1)已知点 $A(-2，1)$ 和 $B(3，-5)$，则 $|AB|^2=$_____；$|AB|=$_____。

(2)点 $P(-2，3)$ 到直线 $3x-4y+6=0$ 的距离 $d=$_____。

2. 求两条直线的交点坐标。

(1)直线 $x-2y-1=0$ 与 x 轴的交点坐标为_____。

(2)直线 $3x+2y+9=0$ 与 y 轴的交点坐标为_____。

(3)直线 $x-2y-1=0$ 与 $3x+2y+9=0$ 的交点坐标为_____。

3. 在如图 6-19 所示的平面直角坐标系中作以点 O 为圆心，OA 为半径的圆，回答下列问题。

(1)圆心坐标为_____，半径 $r=$_____。

(2)若点 B 是圆上任意一点，则线段 $|OB|=$_____。

(3)若点 C 满足 $|OC|=1$，则点 C 和圆 O 的位置关系是_____。

(4)设点 $D(x，y)$，则 $|OD|=$_____；若点 D 在圆 O 上，则 $x，y$ 满足的关系式是_____。

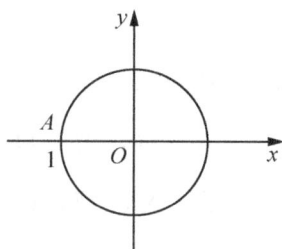

图 6-19

知识要点

知识点一　对圆的理解

对圆的感性认识	到定点的距离等于定长的点有无数个，由这无数个点的集合形成的图形就是一个圆
对圆的理性认识	定点就是圆的圆心(圆心确定位置)，定长就是圆的半径(半径确定大小)

知识点二　圆的标准方程

标准方程	$(x-a)^2+(y-b)^2=r^2$，圆心坐标为 $(a，b)$，半径为 r
特殊圆的标准方程	$x^2+y^2=r^2$，圆心坐标为 $(0，0)$，半径为 r

知识点三　点和圆的位置关系，已知圆 C：$(x-a)^2+(y-b)^2=r^2$，$M(x_0，y_0)$

条件	$(x_0-a)^2+(y_0-b)^2<r^2$	$(x_0-a)^2+(y_0-b)^2=r^2$	$(x_0-a)^2+(y_0-b)^2>r^2$
位置关系	圆内	圆上	圆外
图示			

典例精析

例 1　以点 $(2，-3)$ 为圆心，$\sqrt{2}$ 为半径的圆的方程是(　　　)。

A. $(x+2)^2+(y-3)^2=\sqrt{2}$　　　　　　B. $(x+2)^2+(y-3)^2=2$

C. $(x-2)^2+(y+3)^2=\sqrt{2}$ D. $(x-2)^2+(y+3)^2=2$

解析 直接法，将圆心的坐标和半径代入圆的标准方程，可得$(x-2)^2+(y+3)^2=2$。选 D。

解题反思 圆的标准方程实际上就是两点间距离公式的一种应用，特别注意其结构特征。易错点：一是符号错误；二是等号右边的常数不是半径，而是半径的平方。

例 2 已知圆 C：$(x+1)^2+(y-4)^2=4$，$M(2，5)$，$N(-1，2)$，$Q(0，3)$，则下列说法正确的是(   )。

A. M，N，Q 分别在圆内、圆上、圆外

B. N，M，Q 分别在圆内、圆上、圆外

C. Q，N，M 分别在圆内、圆上、圆外

D. Q，M，N 分别在圆内、圆上、圆外

解析 将三个点的坐标分别代入圆的方程的左边进行计算，再与 4 作比较。可知点 M 在圆外，点 N 在圆上，点 Q 在圆内。选 C。

解题反思 判断点与圆的位置关系，实际上就是比较点到圆心的距离与半径的大小。在实际应用时，按照知识点三的方法判断相对简单。

➜ 训练测评 ━━•

【基础达标训练】

一、选择题

1. 圆 $(x+1)^2+(y-4)^2=25$ 的圆心坐标和半径分别是(   )。

A. $(1，4)$，$r=25$ B. $(1，4)$，$r=5$

C. $(-1，4)$，$r=25$ D. $(-1，4)$，$r=5$

2. 以点 $(0，2)$ 为圆心，且经过原点的圆的标准方程是(   )。

A. $x^2+y^2=2$ B. $x^2+(y-2)^2=2$

C. $x^2+(y+2)^2=4$ D. $x^2+(y-2)^2=4$

3. 已知点 $A(3，2)$ 和 $B(0，-2)$，则以 AB 为直径的圆的方程是(   )。

A. $\left(x-\dfrac{3}{2}\right)^2+y^2=\dfrac{5}{2}$ B. $\left(x+\dfrac{3}{2}\right)^2+y^2=\dfrac{5}{2}$

C. $\left(x+\dfrac{3}{2}\right)^2+y^2=\dfrac{25}{4}$ D. $\left(x-\dfrac{3}{2}\right)^2+y^2=\dfrac{25}{4}$

4. 圆 C 与圆 $(x+2)^2+(y-1)^2=1$ 关于原点对称，则圆 C 的方程为(　　)。

A. $(x+2)^2+(y-1)^2=1$ 　　　　B. $(x-2)^2+(y-1)^2=1$

C. $(x-2)^2+(y+1)^2=1$ 　　　　D. $(x+2)^2+(y+1)^2=1$

5. 已知点 $P(2,m)$ 在圆 $x^2+(y-1)^2=5$ 外，则实数 m 的取值范围是(　　)。

A. $(0,2)$ 　　　　　　　　　　B. $(-2,0)$

C. $(-\infty,0)\bigcup(2,+\infty)$ 　　　　D. $(-\infty,-2)\bigcup(0,+\infty)$

二、填空题

6. 以直线 $x+y=0$ 和 $2x-y=6$ 的交点为圆心，且经过点 $(0,3)$ 的圆的标准方程为_____。

7. 已知 $\text{Rt}\triangle ABC$ 中，$\angle C=90°$，两个顶点坐标分别为 $A(2,3)$，$B(-4,5)$，则 $\triangle ABC$ 的外接圆的方程是_____。

8. 已知圆 M：$x^2+(y-2)^2=16$。

(1)圆 M 的面积为_____。

(2)圆心到点 $(-2,4)$ 的距离是_____。

(3)以圆心与点 $(-2,4)$ 为端点的线段的中点坐标为_____。

9. 已知圆 C：$x^2+y^2=5$，点 P 到原点的距离为 3，则点 P 和圆 C 的位置关系是_____.

10. 以点 $A(2,7)$ 与 $B(-4,5)$ 的中点为圆心，经过直线 $2x-y-2=0$ 与 x 轴的交点的圆的标准方程是_____。

三、解答题

11. 圆心为 $C(-2,5)$，且点 $P(1,-2)$ 在圆 C 上，求圆 C 的方程。

12. 点 C 在 x 轴上，求以点 C 为圆心，且经过点 $A(2,1)$ 和 $B(-3,\sqrt{6})$ 的圆的标准方程。

【能力提高训练】

1. 若点$(2a，a-1)$在圆$x^2+(y+1)^2=5$的内部，则实数a的取值范围是(　　)。

A. $(-\infty，1)$　　　　B. $(-1，1)$　　　　C. $(2，5)$　　　　D. $(1，+\infty)$

2. 以原点为圆心，原点到直线$x-2y+1=0$的距离为半径的圆的标准方程为_____。

3. 已知圆C：$(x-2)^2+y^2=3$，点$P(x，y)$为圆上的一个动点，试求$\dfrac{y}{x}$的最大值。

4. 已知实数$x，y$满足$6x+8y-1=0$，求$\sqrt{x^2+y^2-2y+1}$的最小值。

6.8.2　圆的一般式方程

课标要求	知识脉络
了解二元二次方程表示圆的条件和圆的一般式方程	$x^2+y^2+Dx+Ey+F=0$ — $D^2+E^2-4F>0$ — 表示圆 — 圆心 / 半径 — $D^2+E^2-4F=0$ — 表示点 — $D^2+E^2-4F<0$ — 不表示任何图形

→ 知识准备

1. 二次函数的顶点式方程与圆的一般式方程的相互转化。

把函数$y=2(x-1)^2+2$化为圆的一般式方程为_____；

把函数$y=x^2-2x+3$化为顶点式为_____。

2. 一元二次方程$ax^2+bx+c=0(a\neq0)$的解的情况由判别式($\Delta=$_____)确定，具体情况如表6-5所示。

表 6-5

判别式的符号	$\Delta>0$	$\Delta=0$	$\Delta<0$
方程解的情况			

（1）函数 $y=x^2-2x-5$ 的图像与 x 轴有_____个交点，方程 $x^2-2x-5=0$ 解的情况是_____。

（2）函数 $y=x^2-2x+1$ 的图像与 x 轴有_____个交点，方程 $x^2-2x+1=0$ 解的情况是_____。

（3）函数 $y=x^2-2x+3$ 的图像与 x 轴有_____个交点，方程 $x^2-2x+3=0$ 解的情况是_____。

3．用配方法解方程：$x^2-2x-3=0$。

➔ 知识要点

知识点一　圆的一般式方程

一般式方程	$x^2+y^2+Dx+Ey+F=0(D^2+E^2-4F>0)$
两个重要的量	圆心 $\left(-\dfrac{D}{2},\ -\dfrac{E}{2}\right)$，半径 $r=\dfrac{\sqrt{D^2+E^2-4F}}{2}$

知识点二　二元二次方程 $x^2+y^2+Dx+Ey+F=0$ 与图形的关系

D^2+E^2-4F 的符号	$D^2+E^2-4F>0$	$D^2+E^2-4F=0$	$D^2+E^2-4F<0$
方程表示的图形	圆	点 $\left(-\dfrac{D}{2},\ -\dfrac{E}{2}\right)$	不表示任何图形

知识点三　求圆的圆心和半径的两种方法

方法一：利用公式	圆心坐标公式 $\left(-\dfrac{D}{2},\ -\dfrac{E}{2}\right)$；半径公式 $r=\dfrac{\sqrt{D^2+E^2-4F}}{2}$
方法二：化为标准方程	化为 $(x-a)^2+(y-b)^2=r^2$，圆心 $(a,\ b)$，半径 r

→ 典例精析 ————————————————————————————————————●

例1 圆 $x^2+y^2-4x+6y-3=0$ 的圆心和半径分别是( )。

A.（−2，3），4　　B.（2，−3），4　　C.（−2，3），16　　D.（2，−3），16

解析 方法一：$-\dfrac{D}{2}=-\dfrac{-4}{2}=2$，$-\dfrac{E}{2}=-\dfrac{6}{2}=-3$，$r=\dfrac{\sqrt{(-4)^2+6^2-4\times(-3)}}{2}=4$。

故圆心为(2，−3)，半径为4。选A。

方法二：将圆的方程化为 $(x-2)^2+(y+3)^2=16$，故圆心为(2，−3)，半径为4。

解题反思

(1)利用圆的标准方程能直接找出圆心坐标和半径，简洁直观。利用圆的一般式方程能直接确定其各项系数。把一般式方程化为标准方程再确定圆心和半径，可以避免烦琐的计算。

(2)用配方法把圆的一般式方程化为标准方程的步骤如下。

例如，把 $x^2+y^2-4x+6y-3=0$ 化为圆的标准方程。

第一步：分组，分别把含 x，y 的项分成两组，常数项移到等号右边。

$$(x^2-4x)+(y^2+6y)=3。$$

第二步：配方，两边同时加上 x，y 的一次项系数一半的平方。

$$(x^2-4x+4)+(y^2+6y+9)=3+4+9。$$

第三步：左边分别分解，右边合并常数项。

$$(x-2)^2+(y+3)^2=16。$$

例2 已知方程 $x^2+y^2+x+3y+m=0$。

(1)若方程表示一个圆，求实数 m 的取值范围。

(2)若方程表示的圆与 x 轴有唯一交点，求实数 m 的取值范围。

(3)若方程表示的圆与 y 轴没有交点，求实数 m 的取值范围。

解 (1)方程表示圆，则由 $D^2+E^2-4F>0$ 得 $1+9-4m>0$，整理得 $m<\dfrac{5}{2}$。

(2)设 $y=0$，得 $x^2+x+m=0$。由题意知方程 $x^2+x+m=0$ 有两个相等的实数根，故 $\Delta=1-4m=0$，解得 $m=\dfrac{1}{4}$。

(3)设 $x=0$，得 $y^2+3y+m=0$。由题意得方程 $y^2+3y+m=0$ 没有实数根，故 $\Delta=9-$

$4m<0$，解得 $m>\dfrac{9}{4}$。

解题反思

(1)一元二次方程和二元二次方程解的情况都有相应的判定方法，具体情况如下：

$$ax^2+bx+c=0\begin{cases}\Delta>0\Rightarrow\text{两个不相等的实数解，}\\\Delta=0\Rightarrow\text{两个相等的实数解，}\\\Delta<0\Rightarrow\text{没有实数解；}\end{cases}$$

$$x^2+y^2+Dx+Ey+F=0\begin{cases}D^2+E^2-4F>0\Rightarrow\text{无数组实数解（圆），}\\D^2+E^2-4F=0\Rightarrow\text{一组实数解（一个点），}\\D^2+E^2-4F<0\Rightarrow\text{没有实数解（不表示任何图形）。}\end{cases}$$

(2)一般情况下，一个二元二次方程的解不能确定，但特殊的二元二次方程的解有可能确定，如 $(x-2)^2+(y+5)^2=0$ 只有一组解，这组解为 $x=2$，$y=-5$。

➔ 训练测评 ━━━━━━━━━━━━━━━━━━━━━━━━━━━━●

【基础达标训练】

一、选择题

1. 将 $x^2+y^2+2x-6y+3=0$ 化为圆的标准方程是（　　）。

A. $(x+1)^2+(y-3)^2=7$　　　　　　B. $(x+1)^2+(y-3)^2=13$

C. $(x-1)^2+(y+3)^2=7$　　　　　　D. $(x-1)^2+(y+3)^2=13$

2. 若圆 C 与圆 $x^2+y^2-6x=0$ 是同心圆，则圆 C 的圆心坐标为（　　）。

A. $(-3，0)$　　　B. $(3，0)$　　　C. $(0，-3)$　　　D. $(0，3)$

3. 若圆 C 的半径是圆 $x^2+y^2-2y-1=0$ 的半径的 2 倍，则圆 C 的面积为（　　）。

A. π　　　　　B. 2π　　　　　C. 4π　　　　　D. 8π

4. 若方程 $x^2+y^2-4x+2y+a=0$ 表示半径为 3 的圆，则 a 的值为（　　）。

A. 3　　　　　B. -3　　　　　C. 4　　　　　D. -4

5. 已知圆 $x^2+y^2+Dx+Ey-2=0$ 的圆心为 $(-2，4)$，则该圆的半径为（　　）。

A. $\sqrt{20}$　　　　B. $\sqrt{22}$　　　　C. 2　　　　　D. 1

二、填空题

6. 圆 $x^2+y^2-4x-5=0$ 的圆心为_____，半径为_____。

7. 若点 $P(-1，2)$ 在圆 $x^2+y^2-4x+my-1=0$ 上，则圆的半径为_____。

8. 把 $(x-1)^2+(y+5)^2=4$ 化为圆的一般式方程为_____。

9. 圆心为 $(-2，1)$，半径为 $\sqrt{2}$ 的圆与 x 轴的交点坐标为_____。

10. 圆 C 与圆 $x^2+(y+1)^2=4$ 是同心圆，且与圆 $x^2+y^2=7$ 的面积相等，则圆 C 的方程是_____。

三、解答题

11. 分别用两种方法求下列圆的圆心和半径。

(1) $x^2+y^2+3x-2y-5=0$；   (2) $x^2+y^2+3y-5=0$。

【能力提升训练】

1. 圆 $x^2+y^2+mx-4y-1=0$ 的圆心在直线 $x-y+1=0$ 上，则圆的半径为_____。

2. 已知方程 $x^2+y^2+x+ty+t^2-2=0$ 表示一个圆。

(1) 求 t 的取值范围。

(2) 若圆的直径为 2，求 t 的值。

6.8.3　圆的方程的确定

课标要求	知识脉络
初步掌握圆的方程的确定方法	确定圆的方程的方法 — 直接法 — 确定圆心、确定半径；待定系数法 — 设为标准方程、设为一般式方程、其他设法

➔ 知识准备

解三元一次方程组的思路：消元，化三元为二元。

1. 解方程组 $\begin{cases} x+y+z=1, & ① \\ 2x-y+z=3, & ② \\ 4x+2y-z=0。 & ③ \end{cases}$

2. 已知点 P 在直线 $y=2x-1$ 上。

(1)设点 P 的横坐标为 a，则点 P 的坐标为_____。

(2)设点 P 的纵坐标为 a，则点 P 的坐标为_____。

➔ 知识要点

知识点　确定圆的方程的两种方法	
方法一：直接法	求出圆的圆心和半径，直接写出圆的标准方程
方法二：待定系数法	设圆的方程为 $(x-a)^2+(y-b)^2=r^2$，a，b，r 为待定系数；设圆的方程为 $x^2+y^2+Dx+Ey+F=0$，D，E，F 为待定系数

典例精析 ——●

例1 已知 Rt△ABC 中，∠C＝90°，两个顶点坐标为 $A(-2，0)$ 和 $B(3，-1)$，求 △ABC 的外接圆的方程。

解 直角三角形外接圆的圆心是斜边的中点，故斜边 AB 为三角形外接圆的直径。由中点坐标公式得线段 AB 的中点坐标为 $\left(\dfrac{1}{2}，-\dfrac{1}{2}\right)$，

半径 $r=\dfrac{1}{2}\,|\,AB\,|=\dfrac{1}{2}\sqrt{(-2-3)^2+[0-(-1)]^2}=\dfrac{\sqrt{26}}{2}$。

所以所求圆的标准方程为 $\left(x-\dfrac{1}{2}\right)^2+\left(y+\dfrac{1}{2}\right)^2=\dfrac{13}{2}$。

解题反思

(1)求点的坐标常见的途径和方法。

①利用线段的中点坐标公式求线段的中点坐标。

②求两直线的交点坐标：联立两直线方程得方程组，并解方程组。

③用待定系数法求点的坐标。

(2)求半径常用的方法。

①用两点间的距离公式求线段的长度。

②用点到直线的距离公式求垂线段的长度。

例2 已知圆的圆心在直线 $y=2x-1$ 上，经过点 $(0，-1)$，且经过直线 $3x+y+1=0$ 与 $x-y+3=0$ 的交点，求圆的方程。

解 圆心在直线 $y=2x-1$ 上，故可设圆心坐标为 $(a，2a-1)$。

由题意得方程组 $\begin{cases}3x+y+1=0，\\ x-y+3=0。\end{cases}$ 解得 $\begin{cases}x=-1，\\ y=2。\end{cases}$ 即这两条直线的交点坐标为 $(-1，2)$。

所以 $(a+1)^2+(2a-1-2)^2=(a-0)^2+(2a)^2$，

解得 $a=1$，所以圆心坐标为 $(1，1)$，半径 $r=\sqrt{(1-3)^2+(1+1)^2}=\sqrt{8}$。

故所求圆的方程为 $(x-1)^2+(y-1)^2=8$。

解题反思

(1)用待定系数法设点的坐标时，尽量避开分数，降低运算难度。

(2)求待定系数的关键是找等量关系进而建立关于所设参数的方程或方程组。本题的等

量关系是圆心(a，$2a-1$)到点(0，-1)和(-1，2)的距离相等，根据题意挖掘等量关系是解决问题的关键。

→ 训练测评

【基础达标训练】

一、选择题

1. 已知圆 C 的圆心正好是直线 $2x-3y+6=0$ 与 x 轴的交点，则点 C 的坐标为(　　)。

A. (0，2)　　　　B. (0，-2)　　　　C. (3，0)　　　　D. (-3，0)

2. 若圆 $C(-1$，$2)$ 与直线 $3x-4y-9=0$ 有唯一交点，则圆 C 的半径为(　　)。

A. -4　　　　　　B. 4　　　　　　C. 2　　　　　　D. -2

3. 已知点 $A(-2$，$3)$ 和 $B(2$，$-3)$，则经过 A，B 且面积最小的圆的方程为(　　)。

A. $x^2+y^2=2\sqrt{13}$　　　　　　　　B. $x^2+y^2=13$

C. $(x+2)^2+(y-3)^2=52$　　　　　D. $(x-2)^2+(y+3)^2=52$

4. 设圆 $(x-a)^2+(y+4)^2=10$ 经过点 $(2$，$-3)$，则 a 的值为(　　)。

A. -1　　　　　　B. 5　　　　　　C. -1 或 5　　　D. 1 或 -5

5. 若圆心在直线 $y=2x$ 上，则设圆心坐标较为合理的是(　　)。

A. $(a$，$2a)$　　　B. $\left(a$，$\dfrac{1}{2}a\right)$　　　C. $(2a$，$a)$　　　D. $\left(\dfrac{1}{2}a$，$a\right)$

二、填空题

6. 过三个点 $(0$，$0)$，$(-2$，$0)$，$(0$，$1)$ 的圆的方程是_____。

7. 已知圆 C 的圆心在第二、第四象限的角平分线上，且圆心到 x 轴的距离为 3，则经过原点的圆 C 的方程为_____。

8. 直线 $y=x-4$ 与坐标轴围成一个三角形，则这个三角形的外接圆的面积为_____。

三、解答题

9. 已知点 $A(1$，$6)$，$B(-5$，$2)$，$C(1$，$k)$，若点 C 在以 AB 为直径的圆外，求实数 k 的取值范围。

10. 求过点 $A(1，-1)$ 和 $B(-1，1)$，且圆心在直线 $x+y-2=0$ 上的圆的方程。

【能力提升训练】

1. 分别用两种方法求经过 $A(0，5)$，$B(1，-2)$，$C(-3，-4)$ 三点的圆的方程。

2. 已知点 P 在直线 $y=2x$ 上，圆 C：$(x+1)^2+(y-2)^2=4$ 经过点 P，求以点 P 为圆心，CP 为半径的圆的标准方程。

6.9 直线与圆的位置关系

6.9.1 判断直线与圆的位置关系(一)

课标要求	知识脉络
理解直线与圆的位置关系及判定方法	建立方程组 ── 有两组解 ── 直线与圆相交 建立方程组 ── 只有一组解 ── 直线与圆相切 建立方程组 ── 没有解 ── 直线与圆相离

➔ 知识准备

1. 从公共点的个数判断直线与圆的位置关系:

(1)如图 6-20(1),直线与圆没有交点,则直线与圆的位置关系是_____;

(2)如图 6-20(2),直线与圆有 1 个交点,则直线与圆的位置关系是_____;

(3)如图 6-20(3),直线与圆有 2 个交点,则直线与圆的位置关系是_____。

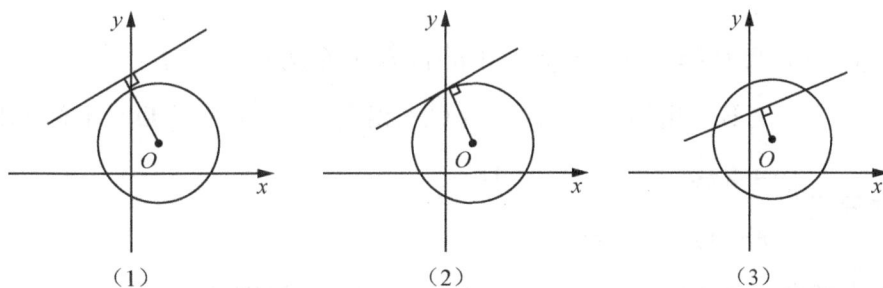

(1)   (2)   (3)

图 6-20

2. 已知方程组 $\begin{cases} x-y=2, \\ x^2+(y-1)^2=4。 \end{cases}$

(1)化为关于 x 的一元二次方程。

（2）化为关于 y 的一元二次方程。

3. 函数 $f(x)=ax^2+bx+c=0(a\neq0)$ 的判别式 $\Delta=$ _____。

（1）$\Delta>0$，函数 $f(x)$ 的图像与 x 轴有 _____ 个交点。

（2）$\Delta=0$，函数 $f(x)$ 的图像与 x 轴有 _____ 个交点。

（3）$\Delta<0$，函数 $f(x)$ 的图像与 x 轴有 _____ 个交点。

➡ 知识要点

知识点一　化二元二次方程组为一元二次方程组	
方法：代入法	由二元一次方程变形代入另一个方程

知识点二　判断直线与圆的位置关系	
方程组有两组解（$\Delta>0$）	直线与圆相交
方程组只有一组解（$\Delta=0$）	直线与圆相切
方程组没有解（$\Delta<0$）	直线与圆相离

➡ 典例精析

例 1　直线 $y=2x$ 与圆 $(x-4)^2+y^2=4$ 的位置关系为（　　）。

A. 相交　　　　　B. 相切　　　　　C. 相离　　　　　D. 不能判断

解析　解方程组 $\begin{cases} y=2x, & ① \\ (x-4)^2+y^2=4。 & ② \end{cases}$

将①式代入②式中，整理得 $5x^2-8x+12=0$。因为判别式 $\Delta=(-8)^2-4\times5\times12=-176<0$，所以方程组无实数解，因此直线与圆相离。选 C。

解题反思

采用代数法判断直线与圆的位置关系的步骤：①联立方程组；②求出判别式 Δ；③根据判别式 Δ 与 0 的大小关系判断交点个数；④根据交点个数判断直线与圆的位置关系。

例 2　已知直线 $y=x+d$ 与圆 $x^2+y^2=4$。当 d 为何值时，圆与直线相交、相切、相离？

解　解方程组 $\begin{cases} y=x+d, & ① \\ x^2+y^2=4。 & ② \end{cases}$

将①式代入②式中，整理得 $2x^2+2dx+d^2-4=0$，因此 $\Delta=-4d^2+32$。

当直线与圆相交时，$\Delta>0$，即 $-4d^2+32>0$，解得 $-2\sqrt{2}<d<2\sqrt{2}$。

当直线与圆相切时，$\Delta=0$，即 $-4d^2+32=0$，解得 $d=\pm2\sqrt{2}$。

当直线与圆相离时，$\Delta<0$，即 $-4d^2+32<0$，解得 $d<-2\sqrt{2}$ 或 $d>2\sqrt{2}$。

解题反思 将直线方程变形时，要根据直线方程的特点，变形后尽量避免出现分数，减少运算量。注意结合题意正确处理变形方式。

➔ 训练测评

【基础达标训练】

一、选择题

1. 直线 $y=x$ 与圆 $(x-1)^2+(y+1)^2=4$ 的交点有（ ）。

A. 0个　　　　　B. 1个　　　　　C. 2个　　　　　D. 不能判断

2. 直线 $x+y-2=0$ 与圆 $x^2+y^2+2x=3$ 的位置关系为（ ）。

A. 相交　　　　　B. 相切　　　　　C. 相离　　　　　D. 不能判断

3. 方程组 $\begin{cases}2x-y+3=0, \\ x^2+y^2=1\end{cases}$ 的实数解有（ ）。

A. 0组　　　　　B. 1组　　　　　C. 2组　　　　　D. 3组

4. 直线 $x+y-2=0$ 与圆 $x^2+y^2=2$ 的交点坐标为（ ）。

A. $(0,2)$　　　　B. $(2,0)$　　　　C. $(1,1)$　　　　D. $(-1,-1)$

5. 若直线 $l:x-y+d=0$ 与圆 $x^2+y^2=1$ 相切，则 d 的值为（ ）。

A. $-\sqrt{2}$　　　B. $\sqrt{2}$　　　C. $\pm\sqrt{2}$　　　D. 1

二、填空题

6. 直线 $l:x=3$ 与圆 $(x-2)^2+(y-1)^2=1$ 的位置关系为_____。

7. 已知直线 $l:2x-y+3=0$ 与圆 $x^2+y^2-2x=m$ 相切，则 $m=$_____。

三、解答题

8. 已知直线 $l:x-y+2=0$ 与圆 $x^2+y^2-2y=4$。

(1)试判断直线与圆的位置关系；

(2)如果直线与圆相交，请求出交点坐标；

（3）如果直线与圆相交，请求出两交点的中点坐标；

（4）如果直线与圆相交，请求出相交所得的弦长。

【能力提高训练】

1. 直线 l 过点 $O(0，0)$ 且与圆 $(x-2)^2+(y-1)^2=1$ 相切，则直线 l 的方程为_____。

2. 已知直线 l 过点 $(-2，0)$，当直线 l 与圆 $x^2+y^2=2x$ 有两个交点时，其斜率 k 的取值范围是_____。

3. 若直线 $3x-4y+C=0$ 与圆 $x^2+y^2-6x-2y+6=0$ 相切，则 $C=$_____。

6.9.2 直线与圆的位置关系(二)

课标要求	知识脉络
初步掌握直线与圆相交时弦长的求法及圆的切线方程的求法	直线与圆的位置 — 判定方法 — 几何法 直线与圆的位置 — 具体位置关系 — $d<r$ 相交；$d=r$ 相切；$d>r$ 相离

→）知识准备

1. 求直线的点斜式方程：已知点 $A(-1，2)$，过点 A 的直线 l 的斜率为 $\dfrac{2}{3}$，则直线 l 的方程为_____。

2. （1）圆 $(x-1)^2+y^2=2$ 的圆心坐标为_____，半径为 $r=$_____。

（2）圆 $x^2+y^2+2x-4y-4=0$ 的圆心坐标为_____，半径为 $r=$_____。

3. 点 $M(-1，2)$ 到直线 $3x-4y+1=1$ 的距离 $d=$_____。

4. 观察图像，回答下列问题(设圆心 C 到直线的距离为 d，圆的半径为 r)。

(1)如图 6-21(1)，d 与 r 的大小关系是_____，直线与圆的位置关系是_____。

(2)如图 6-21(2)，d 与 r 的大小关系是_____，直线与圆的位置关系是_____。

(3)如图 6-21(3)，d 与 r 的大小关系是_____，直线与圆的位置关系是_____。

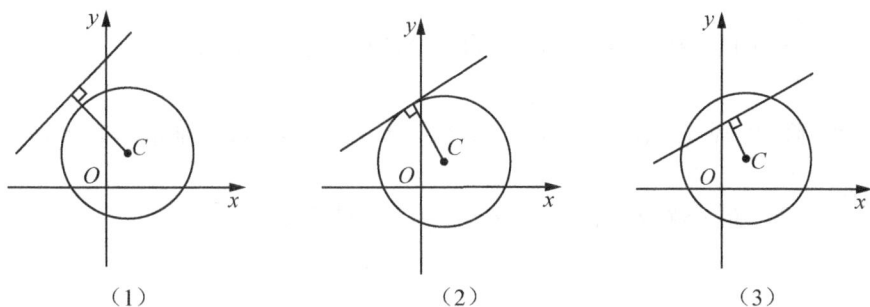

（1）　　　　　　　　（2）　　　　　　　　（3）

图 6-21

知识要点

知识点一　几何法判断直线与圆的位置关系	
几何法判断直线与圆的位置关系	1. 圆心到直线的距离：设圆的方程为 $(x-a)^2+(y-b)^2=r^2$，直线 l 的方程为 $Ax+By+C=0$，则点 $O(a, b)$ 到直线 l 的距离 $d=\dfrac{\lvert Aa+Bb+C \rvert}{\sqrt{A^2+B^2}}$。 2. 直线与圆的位置关系 $\begin{cases} d<r \Leftrightarrow \text{直线与圆相交；} \\ d=r \Leftrightarrow \text{直线与圆相切；} \\ d>r \Leftrightarrow \text{直线与圆相离} \end{cases}$

知识点二　切线方程		
过圆上一点的切线方程	设出切线的点斜式方程	斜率只有一个，切线方程只有一个
过圆外一点的切线方程	利用圆心到直线的距离等于半径求出直线的斜率，求出切线方程	(1)斜率有两个，切线方程有两个； (2)若斜率只有一个，则另一条切线的斜率不存在，注意垂直于轴的情况

知识点三　弦长公式

圆心到直线的距离为 d，圆的半径为 r，则直线与圆相交所得的弦长为 $2\sqrt{r^2-d^2}$

典例精析

例 1　(1)直线 $3x-4y+8=0$ 与圆 $x^2+y^2+2x=1$ 的位置关系为(　　)。

A. 相交 　　　　 B. 相切 　　　　 C. 相离 　　　　 D. 以上都不是

(2)设 P 为圆 $x^2+y^2=1$ 上的一个动点，则点 P 到直线 $3x-4y-10=0$ 的最小距离为（ ）。

A. 0   B. 1   C. 2   D. 3

解析 (1)由已知得圆的圆心坐标为 $(-1,0)$，半径 $r=\sqrt{2}$，圆心到直线的距离 $d=\dfrac{|3\times(-1)-4\times0+8|}{\sqrt{3^2+(-4)^2}}=1$，由于 $d<r$，故直线与圆相交，选 A。

(2)由已知得圆的圆心坐标为 $(0,0)$，半径 $r=1$，圆心到直线的距离为 $d=\dfrac{|3\times0-4\times0-10|}{\sqrt{3^2+(-4)^2}}=2$，最小距离 $d-r=2-1=1$，选 B。

解题反思

(1)几何法判断直线与圆的位置关系的关键：找出圆心坐标和半径；求出圆心到直线的距离；根据圆心到直线的距离与半径的大小关系，判断直线与圆的位置关系。可以总结为：一找二求三判断。

(2)圆上动点到圆外直线距离最值的求法：最小距离为 $d-r$，最大距离为 $d+r$。

例 2 求满足下列条件的直线方程：

(1)过圆 O：$x^2+y^2=10$ 上一点 $M(3,1)$ 的圆的切线方程。

(2)过点 $A(2,-2)$，且与圆 $(x-1)^2+(y-1)^2=1$ 相切的切线方程。

解 (1)解法一 根据题意知圆的圆心坐标为 $(0,0)$，半径 $r=\sqrt{10}$。设切线的斜率为 k，则切线的方程为 $kx-y-3k+1=0$。由圆心到切线的距离 $d=\dfrac{|-3k+1|}{\sqrt{k^2+(-1)^2}}=\sqrt{10}$，解得 $k=-3$。所以切线的方程为 $3x+y-10=0$。

解法二 根据题意得 $k_{OM}=\dfrac{1}{3}$，所以切线的斜率 $k=-3$。又因为切线过点 $M(3,1)$，所以切线的方程为 $3x+y-10=0$。

(2)根据题意知圆的圆心坐标为 $(1,1)$，半径 $r=1$。设切线的斜率为 k，则切线的方程为 $kx-y-2k-2=0$。由圆心到切线的距离 $d=\dfrac{|k-1-2k-2|}{\sqrt{k^2+(-1)^2}}=1$，解得 $k=-\dfrac{4}{3}$。

所以一条切线的方程为 $4x+3y-2=0$，另一条切线的方程为 $x=2$。

解题反思 (1)求圆的切线方程的常见方法。

①待定系数法：先设出切线的点斜式方程，利用圆心到直线的距离等于半径求出直线的

斜率，从而求出切线方程。

②直接法：利用切线与切点和圆心连线垂直的关系，求出斜率，再求方程。

注意特殊情况：如果圆的方程为 $x^2+y^2=r^2$（圆心为坐标原点），切点 $M(x_0，y_0)$ 在圆上，则切线方程为 $xx_0+yy_0=r^2$。

2. 求圆的切线方程要明确以下几点。

①已知点在圆上还是圆外。

②选择方法：直接法、待定系数法。

③所求切线有几条，有没有特殊情况，如切线与 x 轴垂直。

➔ 训练测评 ——————————————————————●

【基础达标训练】

一、选择题

1. 直线 $3x+4y=0$ 与圆 $(x-4)^2+y^2=4$ 的位置关系是(   )。

A. 相交   B. 相切   C. 相离   D. 以上都不是

2. 圆心为 $C(-2，1)$，且相切于 x 轴的圆的方程是(   )。

A. $(x-2)^2+(y+1)^2=4$ B. $(x-2)^2+(y+1)^2=1$

C. $(x+2)^2+(y-1)^2=4$ D. $(x+2)^2+(y-1)^2=1$

3. 圆 $x^2+y^2-2x+4y=1$ 的圆心坐标和半径分别为(   )。

A. $(-1，2)$，6   B. $(-1，2)$，$\sqrt{6}$ C. $(1，-2)$，6   D. $(1，-2)$，$\sqrt{6}$

4. 直线 $x-By+2=0$ 过圆 $(x+1)^2+(y-1)^2=1$ 的圆心，则 B 的值为(   )。

A. 1   B. -1 C. 2   D. 3

5. 点 $M(2，2)$ 与圆 $(x-1)^2+(y-2)^2=2$ 的位置关系是(   )。

A. 点在圆内   B. 点在圆上   C. 点在圆外   D. 不能确定

二、填空题

6. 已知圆 $(x-2)^2+(y+1)^2=1$，直线 l：$3x+4y-2=0$，则该圆的圆心到直线 l 的距离为_____。

7. 过点 $M(1，3)$ 的直线 l 与圆 $(x-2)^2+(y+1)^2=1$ 相交，所截得的线段是圆内最长的弦，则直线 l 的方程为_____。

8. 过圆 $x^2+y^2=8$ 上一点 $M(2,2)$ 的切线方程为 _____。

9. 圆心为 $C(-2,1)$，且相切于 y 轴的圆的方程为 _____。

三、解答题

10. 已知直线 l 与直线 $y=-x$ 平行且与 x 轴的交点为 $(-4,0)$。

(1)求直线 l 的方程。

(2)设圆心为 $(1,-1)$ 的圆 C 与直线 l 相切，求圆 C 的标准方程。

11. 已知直线 l_1：$x+2y-2=0$ 与直线 l_2 垂直，且直线 l_2 与 y 轴的交点为 $A(0,4)$。

(1)求直线 l_2 的方程。

(2)设直线 l_1 与 x 轴的交点为 B，求以 AB 的中点为圆心并与 x 轴相切的圆的标准方程。

【能力提升训练】

1. 以点 $(1,-2)$ 为圆心，且与直线 $x-y-1=0$ 相切的圆的方程是(　　)。

A. $(x-1)^2+(y+2)^2=2$ 　　　　　B. $(x-1)^2+(y+2)^2=1$

C. $(x+1)^2+(y-2)^2=2$ 　　　　　D. $(x+1)^2+(y-2)^2=1$

2. 直线 $x+\sqrt{3}y-2=0$ 被圆 $(x-1)^2+y^2=1$ 所截得的线段长为 _____。

3. 点 $A(3，5)$ 是圆 $x^2+y^2-4x-8y-80=0$ 的一条弦的中点，则这条弦所在的直线方程是_____。

4. 过原点 O 作圆 $x^2+y^2-5x-10y+25=0$ 的两条切线，切点分别为 P，Q。求 OP，OQ 这两条切线的方程。

6.10 圆的方程的应用

课标要求	知识脉络
初步掌握用直线方程与圆的方程解决实际问题的方法	

→ 知识要点

知识点 圆的方程的应用	
解决直线与圆的方程的实际应用问题的一般步骤	(1)建立适当的坐标系，用坐标表示问题中的几何元素，将平面几何问题转化为代数问题。 (2)根据题意列出方程或方程组，求出结果，解决代数问题。 (3)把代数运算结果转化成几何结论，根据实际确定解

⊙ 典例精析 ————————————————————————————————

例 如图 6-22(1)，已知一艘海监船 O 上配有雷达，其监测范围是半径为 25 km 的圆形区域，一艘外籍轮船从位于海监船正东 40 km 的 A 处出发，径直驶向位于海监船正北 30 km 的 B 处岛屿，速度为 28 km/h。问：这艘外籍轮船能否被海监船监测到？若能，监测的持续时间为多久？

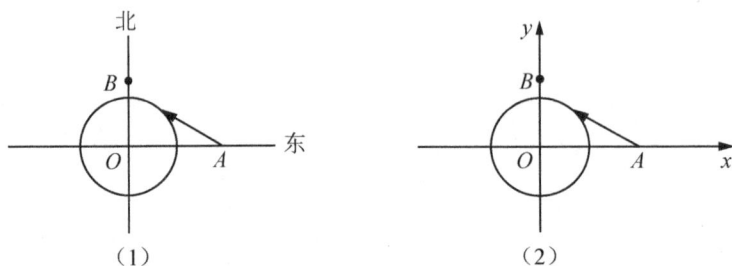

图 6-22

解 如图 6-22(2)，以 O 为坐标原点，东西方向为 x 轴建立平面直角坐标系，则 $A(40，0)$，$B(0，30)$，直线 AB 的方程为 $3x+4y-120=0$。

圆 O 的方程为 $x^2+y^2=625$。

设点 O 到直线 AB 的距离为 d，

则 $d=\dfrac{|-120|}{\sqrt{3^2+4^2}}=24<25$，

所以，外籍轮船能被监测到。

设监测时间为 t h。

由垂径定理得外籍轮船被监测的路程为 $s=2\sqrt{25^2-24^2}=14(\text{km})$，$t=\dfrac{s}{v}=\dfrac{14}{28}=0.5(\text{h})$。所以外籍轮船能被监测到的时长为 0.5 h。

解题反思 建立适当的坐标系要把握两个原则。

(1)对称性原则：通常会选择对称中心为坐标原点，对称轴所在的直线为坐标轴。对于到两个定点的距离问题，可以选择两个定点所在线段的垂直平分线为坐标轴。对于有两条互相垂直的直线的问题，则选这两条垂直直线为坐标轴。

(2)集中性原则：通常会让曲线上尽可能多的特殊点落在坐标轴上。

→ 训练测评 ─────────────────────────●

【基础达标训练】

一、选择题

1. 一涵洞的横截面是半径为 5 的半圆，则该半圆的方程是(　　)。

A. $x^2+y^2=25$　　　　　　　　　　B. $x^2+y^2=25(y\geqslant0)$

C. $(x+5)^2+y^2=25(y\geqslant0)$　　　D. 随建立平面直角坐标系的变化而变化

2. 一辆卡车宽 2 m，要经过一个半圆形单向通行的隧道(半径为 3.6 m)，则这辆卡车的平顶车篷篷顶距离地面的高度不超过(　　)。

A. 1.2 m　　　　B. 2.2 m　　　　C. 3.4 m　　　　D. 3.5 m

二、填空题

3. 如图，圆弧形桥拱的跨度 $AB=12$ m，拱高 $CD=4$ m，则拱桥所在圆的直径为_____。

第 3 题图

4. 设某村庄外围成圆形，建立恰当的平面直角坐标系，村庄外围所在曲线的方程可用 $(x-2)^2+(y+3)^2=4$ 表示，村外一条小路可用 $x-y+2=0$ 表示，则从村庄外围到小路的最短距离为_____。

三、解答题

5. 某小区三栋楼的大门分别位于 A，B，C 三点，为提高小区居民的居住舒适度，现欲建一个圆形小花园，使 A，B，C 三点都在花园的圆周上，建立平面直角坐标系，测得 $A(0，-1)$，$B(2，3)$，$C(3，0)$，求：

(1)小花园所在圆的方程；

(2)小花园中心位置的坐标；

(3)小花园的面积。

【能力提高训练】

1. 已知点 $A(-1,1)$ 和圆 C：$(x-5)^2+(y-7)^2=4$，一束光线从点 A 经 x 轴反射到圆上的最短路程是(　　)。

A. $6\sqrt{2}-2$ 　　　　B. 8 　　　　C. $4\sqrt{6}$ 　　　　D. 10

2. 一座圆弧形拱桥，当水面在某个位置时，拱顶离水面 2 m，水面宽 12 m，当水面下降 2 m 后，水面宽为_____。

3. 台风中心从 A 地以 20 km/h 的速度向东北方向移动，离台风中心 30 km 内的地区为危险区，城市 B 在 A 地正东 40 km。问：城市 B 是否会成为台风危险区？如果会，请你推算出城市 B 成为危险区的持续时间？

第 3 题图

→ **单元复习**

【知识网络图】

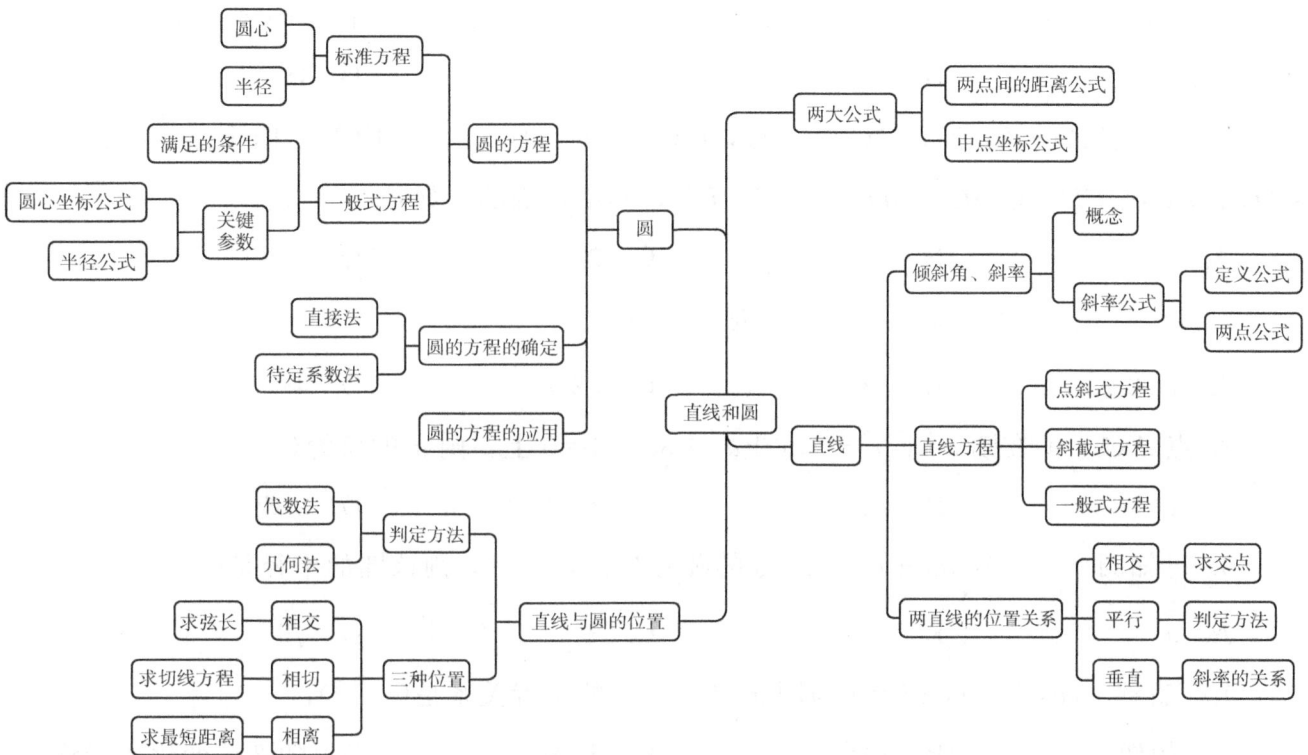

【基础达标训练】

一、选择题

1. 已知直线 l：$2x-3y+1=0$ 和两点 $P(1，1)$，$Q(0，1)$，则有（　　）。

A. 点 P，Q 都在直线 l 上

B. 点 P 在直线 l 上，点 Q 不在直线 l 上

C. 点 P 不在直线 l 上，点 Q 在直线 l 上

D. 点 P，Q 都不在直线 l 上

2. 若直线过两点 $(-1，1)$ 和 $(2，1+\sqrt{3})$，则此直线的倾斜角为（　　）。

A. $\dfrac{\pi}{6}$ 　　　　　　B. $\dfrac{\pi}{4}$ 　　　　　　C. $\dfrac{\pi}{3}$ 　　　　　　D. $\dfrac{\pi}{2}$

3. 已知点 $P(3，2)$ 与 $Q(1，4)$ 关于直线 l 对称，则直线 l 的方程为（　　）。

A. $x-y+1=0$　　　B. $x-y=0$　　　C. $x+y+1=0$　　　D. $x+y=0$

4. 已知点 $P(x，-4)$ 在点 $A(0，8)$ 和 $B(-4，0)$ 的连线上，则 x 的值为（　　）。

A. -2　　　　　B. 2　　　　　　C. -8　　　　　　D. -6

5. 已知集合 $A=\{(x，y)\,|\,y=x+1\}$，$B=\{(x，y)\,|\,y=2x-1\}$，则 $A\bigcap B=$（　　）。

A. $\varnothing$　　　　　B. $(2，3)$　　　　　C. $\{(2，3)\}$　　　　　D. $\mathbf{R}$

6. 已知点 $A(-2，2)$，$B(2，-2)$，$C(8，4)$，$D(4，8)$，则下面四个结论：①$AB/\!/CD$；②$AB\perp CD$；③$AC=BD$；④$AC\perp BD$。其中正确的个数是（　　）。

A. 1　　　　　B. 2　　　　　C. 3　　　　　D. 4

7. 圆 $x^2+y^2-2x+2y=0$ 的周长是（　　）。

A. $2\sqrt{2}\pi$　　　　B. 2π　　　　C. $\sqrt{2}\pi$　　　　D. 4π

8. 点 $A(1，0)$ 在圆 $x^2+y^2-2ax+a^2+3a-3=0$ 上，则 a 的值为（　　）。

A. 1　　　　B. -2　　　　C. 1 或 -2　　　　D. 2 或 -2

9. 已知圆 $x^2+y^2+ax+by-4=0$ 的圆心是 $(2，-1)$，则该圆的半径是（　　）。

A. 9　　　　B. 5　　　　C. 3　　　　D. $\sqrt{5}$

10. 直线 $x\cos\theta+y\sin\theta=1$ 与圆 $x^2+y^2=1$ 的位置关系是（　　）。

A. 相切　　　　B. 相交　　　　C. 相离　　　　D. 随 θ 的变化而变化

二、填空题

11. 过点 $(0，1)$ 且与直线 $x-2y-2=0$ 平行的直线方程是 _____。

12. 经过 $A(1，-2)$，$B(-1，4)$ 两点，周长最短的圆的方程为 _____。

13. 圆 $x^2+y^2-8x-2y+7=0$ 在 x 轴上截得的弦长为 _____。

14. 直线 $kx-y+1=3k$，当 k 取不同的值时，所有直线都通过定点 _____。

15. 若直线 $3x+y+a=0$ 过圆 $x^2+y^2+2x-4y=0$ 的圆心，则 $a=$ _____。

三、解答题

16. 求经过两直线 $2x+3y-5=0$ 与 $x-4y+3=0$ 的交点，且与直线 $2x-y+3=0$ 平行的直线方程。

17. 求过圆 $x^2+y^2+6y+5=0$ 的圆心，且与直线 $2x+4y-1=0$ 垂直的直线方程。

18. 已知圆 $x^2+y^2-10x+2y+F=0$ 与直线 $y=3x+4$ 相切，求 F 的值。

19. 证明以 $A(x_1,y_1)$，$B(x_2,y_2)$ 为直径端点的圆的方程为 $(x-x_1)(x-x_2)+(y-y_1)(y-y_2)=0$。

第七单元
简单几何体

7.1 简单几何体的三视图

7.1.1 简单几何体

课标要求	知识脉络
了解多面体、旋转体的概念	简单几何体 —— 多面体 —— 棱柱 / 棱锥；旋转体 —— 圆柱 / 圆锥 / 球

→ 知识准备

1. 长方体和正方体的认识

(1)判断对错，对的画"√"，错的画"×"。

①长方体和正方体都有 6 个面，12 条棱、8 个顶点。（　　）

②长方体的六个面都是长方形。（　　）

③正方体是由六个正方形组成的图形。（　　）

④正方体是特殊的长方体。（　　）

(2)棱长为 6 cm 的正方体的棱长总和是_____。

2. 对称现象和轴对称图形

如图 7-1 所示，点 A 与点 B 是关于直线 MN 的对称点，C，D 是 MN 上的两点，以下说法不正确的是（　　）。

A. MN 是 AB 的垂直平分线

B. $AC = BC$

C. $AD = BD$

D. AB 垂直平分 CD

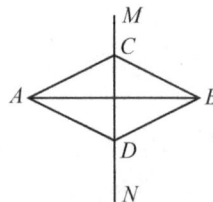

图 7-1

3. 全等图形

能够完全重合的图形叫作全等图形。形状和大小相同是全等图形的特征。

(1)下列各组中是全等图形的是(　　)。

A. 两个周长相等的等腰三角形　　　　B. 两个面积相等的长方形

C. 两个面积相等的直角三角形　　　　D. 两个周长相等的圆

(2)两个全等图形的(　　)可以不同。

A. 位置　　　　　B. 长度　　　　　C. 角度　　　　　D. 面积

→ 知识要点

知识点一　**多面体**：一般地，我们把由若干个平面多边形围成的几何体叫作多面体. 围成多面体的各个多边形叫作多面体的面，相邻两面的公共边叫作棱，棱与棱的公共点叫作多面体的顶点		
名称	棱柱	棱锥
定义	一般地，有两个面互相平行，其余各面都是四边形，并且每相邻两个四边形的公共边都互相平行，由这些面所围成的几何体叫作棱柱	有一个面是多边形，其余各面是有一个公共顶点的三角形，由这些面所围成的几何体叫作棱锥
图形		
特征 底面	互相平行且全等	多边形
特征 侧棱	相邻侧面的公共边，平行且相等	相交于一点，但不一定相等
特征 侧面	平行四边形	三角形

知识点二　**旋转体**：由一个平面图形绕它所在平面内的一条定直线旋转所形成的封闭几何体叫作旋转体，这条定直线叫作旋转体的轴		
名称	圆柱	圆锥	球
定义	以矩形的一边所在直线为旋转轴旋转一周，其余三边旋转形成的曲面所围成的几何体叫作圆柱。旋转轴叫作圆柱的轴	以直角三角形的直角边所在直线为旋转轴旋转一周，其余两边旋转而成的曲面所围成的几何体叫作圆锥。旋转轴叫作圆锥的轴	以半圆的直径所在直线为旋转轴，半圆面旋转一周形成的几何体叫作球体，简称球。半圆的半径叫作球的半径。半圆的圆心叫作球心。半圆的直径叫作球的直径

续表

名称		圆柱	圆锥	球
图形				
特征	侧面	平行于轴的母线旋转而成的曲面,侧面展开图是矩形	母线旋转而成的曲面,侧面展开图是扇形	球面
	底面	垂直于轴的边旋转而成的曲面	垂直于轴的边旋转而成的曲面	——
	轴截面	矩形	等腰三角形	经过球心的平面截球,所得的圆叫作球的大圆,不经过球心的平面截球,所得的圆叫作球的小圆
	母线	无论旋转到什么位置都不垂直于轴的边,互相平行且相等,垂直于底面	无论旋转到什么位置都不垂直于轴的边,且相交于一点	——

➔ 典例精析

例1 给出下列命题:

①在圆柱的上、下底面的圆周上各取一点,则这两点的连线是圆柱的母线;

②直角三角形绕其任一边所在直线旋转一周所形成的几何体都是圆锥;

③圆锥所有的轴截面是全等的等腰三角形。

其中正确命题的个数是( )。

A. 0   B. 1   C. 2   D. 3

解析 ①不一定,只有当这两点的连线平行于轴时才是母线;②不一定,当以斜边所在直线为旋转轴时,其余两边旋转一周形成的面所围成的几何体不是圆锥,它是由两个同底圆锥组成的几何体;③正确,由圆锥的轴截面定义可知。选B。

解题反思

(1)掌握基本概念是认识几何图形的最基本要求。如什么是母线等。

(2)对于旋转体的形成要明确具体的旋转轴和旋转边,才能正确地确定其侧面和底面。

例2 如图7-2所示，观察螺杆头部模型，它有多少对平行的平面？其中，能作为棱柱底面的有几对？

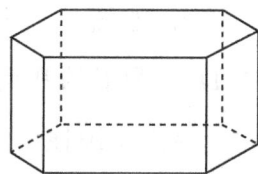

解 平行平面共有四对，但能作为棱柱底面的只有一对，即上下两个平行平面。

图7-2

解题反思 棱柱中互相平行且全等的面才能作为底面，此时侧面必须是平行四边形。

→ 训练测评

【基础达标训练】

一、选择题

1. 如图所示的几何体是棱柱的数量是（　　　）。

A. 5个　　　　B. 4个　　　　C. 3个　　　　D. 2个

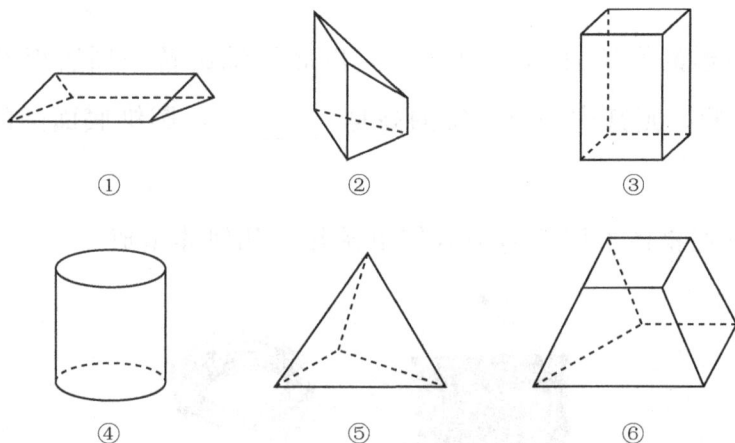

第1题图

2. 右图的几何体是由下面哪个平面图形旋转得到的？（　　　）

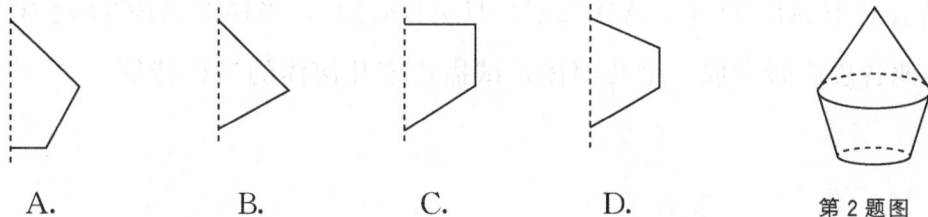

A.　　　　B.　　　　C.　　　　D.　　　　第2题图

3. 满足以下哪个条件的几何体是长方体？（　　　）

A. 侧面都是矩形的四棱柱　　　　B. 侧面都是矩形的直四棱柱

C. 底面是矩形的直四棱柱　　　　D. 底面是矩形的四棱柱

4. 如图，长方体 $ABCD-A'B'C'D'$ 被截去一部分，其中 $EH \parallel A'D'$，剩下的几何体是（　　）。

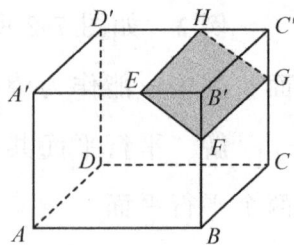

第 4 题图

  A. 非棱柱   B. 四棱柱

  C. 五棱柱   D. 六棱柱

5. 下列说法正确的是（　　）。

A. 平行于圆锥某一母线的截面是等腰三角形

B. 三棱柱的侧面为三角形

C. 以直角梯形的一腰为轴旋转所得的旋转体是圆柱

D. 九棱柱有 9 条侧棱，9 个侧面，侧面为平行四边形

二、填空题

6. 设圆锥的母线长为 l，高为 $\dfrac{l}{2}$，过圆锥的两条母线作一个截面，则截面面积的最大值为_____。

7. 已知等腰三角形的腰长为 5，底长为 8，以底为轴旋转一周所得的组合体可以看作由两个相同的圆锥组成的，则其中一个圆锥的高是_____，圆锥底面圆的半径是_____。

三、解答题

8. 如图，说出下列物体可以近似地看作由哪几种几何体组成。

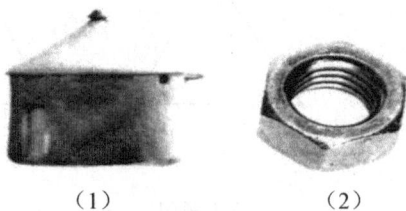

（1）   （2）

第 8 题图

9. 如图，在梯形 $ABCD$ 中，$AD \parallel BC$，且 $AD < BC$，当梯形 $ABCD$ 绕 BC 所在直线旋转一周时，其他各边旋转围成一个几何体，试描述该几何体的结构特征。

第 9 题图

【能力提高训练】

1. 一个棱柱是正四棱柱的条件是(　　　)。

A. 底面是正方形，有两个侧面是矩形

B. 底面是正方形，有两个侧面垂直于底面

C. 底面是菱形，且有一个顶点处的三条棱两两垂直

D. 每个侧面都是全等矩形的四棱柱

2. 用一个平面去截正方体，所得的截面不可能是(　　　)。

A. 六边形　　　　　B. 菱形　　　　　C. 梯形　　　　　D. 直角三角形

3. 下列说法中正确的是(　　　)。

A. 以直角三角形的一边为轴旋转所得的旋转体是圆锥

B. 底面是正多边形的棱锥是正棱锥

C. 圆柱、圆锥的底面都是圆

D. 圆锥的侧面展开图为扇形，这个扇形所在圆的半径等于圆锥的底面圆的半径

4. 如图，长方体 $ABCD-A_1B_1C_1D_1$。

(1)这个长方体是棱柱吗？如果是，是几棱柱？为什么？

(2)用平面 $BCNM$ 把这个长方体分成两部分，各部分形成的几何体还是棱柱吗？如果是，是几棱柱，并用符号表示；如果不是，说明理由。

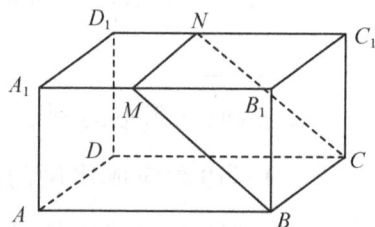

第 4 题图

5. 描述下列几何体的结构特征，并说出它的名称。

(1)由 7 个面围成，其中两个面是互相平行且全等的五边形，其他面都是全等的矩形。

(2)如图，一个圆环面绕着过圆心的直线 l 旋转 $180°$。

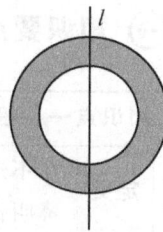

第 5 题图

7.1.2　中心投影和平行投影

课标要求	知识脉络
了解投影、平行投影和中心投影的概念、联系及区别	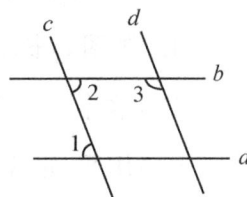

知识准备

1. 平行线的性质：

性质(1)，两直线平行，同位角_____；

性质(2)，两直线平行，内错角_____；

性质(3)，两直线平行，同旁内角_____。

如图 7-3 所示，已知 $a /\!/ b$，$c /\!/ d$，$\angle 1 = 73°$，则 $\angle 2 =$ _____；$\angle 3 =$ _____。

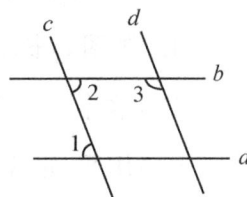

图 7-3

2. 相似三角形的判定：

(1)三边对应成比例的两个三角形相似；

(2)两边对应成比例且夹角相等的两个三角形相似；

(3)两角分别对应相等的两个三角形相似。

如图 7-4 所示，DE 是 $\triangle ABC$ 的中位线，延长 DE 至 F，使 $EF = DE$，连接 CF，则图中相似的三角形有(　　)。

A. 2 对　　　　　B. 3 对

C. 4 对　　　　　D. 5 对

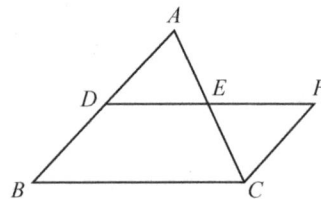

图 7-4

知识要点

知识点一　投影的认识	
定义	在不透明物体后面的屏幕上留下影子的现象叫作投影。其中，光线叫作投影线，留下物体影子的屏幕叫作投影面
分类	中心投影和平行投影

续表

知识点二 中心投影与平行投影的特征			
名称	中心投影	平行投影	
定义	光由一点向外散射形成的投影	在一束平行光线照射下形成的投影，所有的投影线都相互平行	
特征	投影线交于一点	投影线平行	
分类		正投影：投影线与投影面垂直	斜投影：投影线与投影面斜交
图示	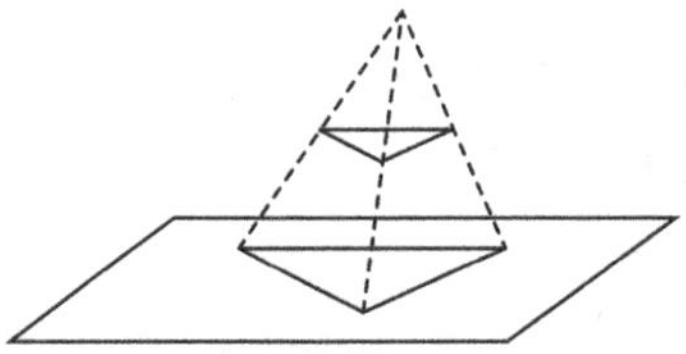 中心投影	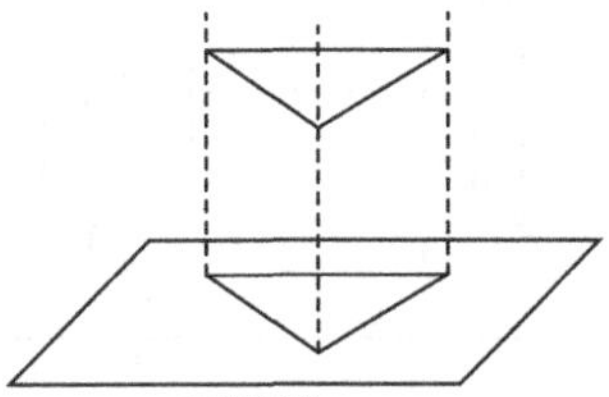 正投影	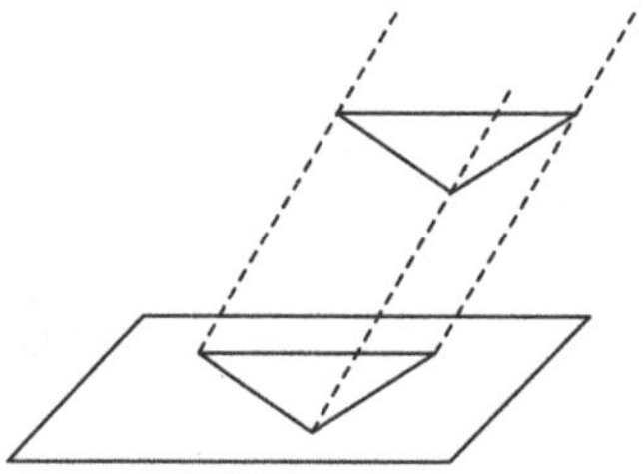 斜投影
区别	投影中心、投影面和物体的相对位置改变时，直观图的大小和形状也将改变	在平行投影中，当物体的某个面平行于投影面时，这个面的正投影与这个面的形状、大小完全相同	
用途	中心投影立体感强，看起来与人的视觉效果一致，最像原来的物体。绘画时经常使用，但在立体几何中很少用中心投影原理来画图	正投影能正确地表达物体的真实形状和大小，作图比较方便，在作图中应用最广泛。斜投影在实际中用得比较少，其特点是直观性强，但作图比较麻烦，也不能反映物体的真实形状，在作图中只是作为一种辅助图样	

⊙ **典例精析**

例1 判断下列命题是否正确，对的画"√"，错的画"×"。

(1)直线的平行投影一定为直线。(   )

(2)一个圆在平面上的平行投影可以是圆或椭圆或线段。(   )

(3)矩形的平行投影一定是矩形。(   )

(4)两条相交直线的平行投影可以平行。(   )

解析：(1)直线的平行投影可能为一点。(2)说法正确。(3)矩形的投影可能为线段。(4)投影不改变位置关系。

解 (1)×；(2)√；(3)×；(4)×。

解题反思 通过正向应用巩固所学知识。通过逆向应用培养空间想象能力。

例2 如图7-5，把一块正方形硬纸板$ABCD$放在三个不同的位置。

(1)纸板平行于投影面。

（2）纸板倾斜于投影面。

（3）纸板垂直于投影面。

三种情况的正投影各是什么形状？

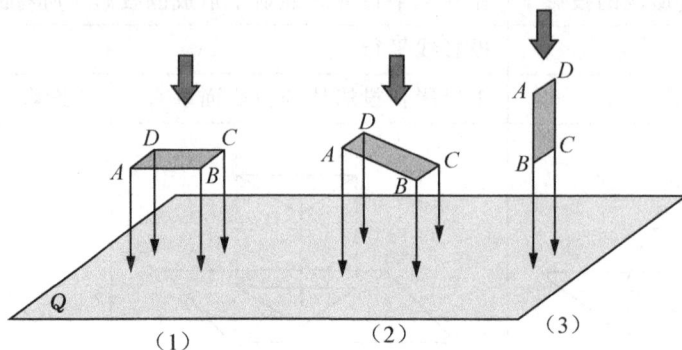

图 7-5

解 （1）正方形。（2）矩形。（3）线段。

解题反思

当图形中的直线或线段不平行于投射线时，平行投影具有下列性质：

①直线或线段的平行投影仍是直线或线段。

②平行直线的平行投影是平行或重合的直线。

③在同一直线或平行直线上，两条线段的平行投影线段的长度比等于这两条线段的长度比。

④与投射面平行的平面图形，它的投影与这个图形全等。

⑤平行于投射面的线段，它的平行投影与这条线段平行且等长。

➜ 训练测评

【基础达标训练】

一、选择题

1. 小华拿一个矩形木框在阳光下玩，矩形木框在地面上形成的投影不可能是（ ）。

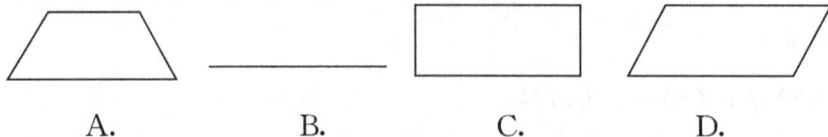

　A.　　　　B.　　　　C.　　　　D.

2. 下列说法正确的是（ ）。

A. 中心投影的投影线平行　　　　B. 正投影比物体本身大

C.　一个四边形的投影可以是线段　　　　D.　正方体的投影一定是正方形

3. 一个物体的正投影是三角形，则这个物体不可能是（　　）。

A.　圆锥　　　　　　B.　棱锥　　　　　　C.　正四面体　　　　D.　圆柱

4. 已知△ABC，选定的投影面与△ABC所在平面平行，则经过中心投影后所得的三角形与△ABC（　　）。

A.　全等　　　　　　B.　相似　　　　　　C.　不相似　　　　　D.　以上都不对

5. 一条直线在平面上的平行投影是（　　）。

A.　直线　　　　　　B.　点　　　　　　　C.　线段　　　　　　D.　直线或点

6. 两条不平行的直线，其平行投影不可能是（　　）。

A.　两条平行线　　　　　　　　　　　B.　一点和一条直线

C.　两条相交直线　　　　　　　　　　D.　两个点

二、填空题

7. 如图，E，F分别为正方形的面ADD_1A_1，BCC_1B_1的中心，则四边形BFD_1E在该正方体的面上的正投影不可能为_____。（选序号）

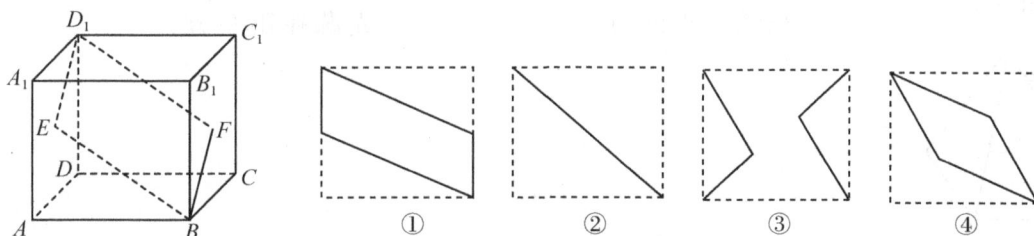

第7题图

三、解答题

8. 请画出下面物体的正投影。

四棱柱：

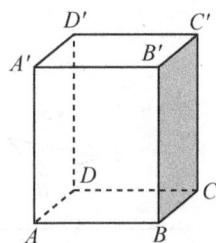

第8题图

光源在正前方：

光源在正左方：

光源在正上方：

【能力提高训练】

1. 下列物体中，当光源在正前方和正左方时的正投影相同的是(   )。

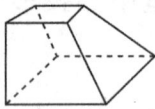 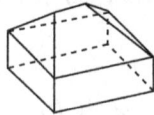 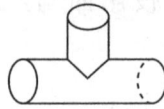

A.   B.   C.   D.

2. 当图形中的直线或线段不平行于投射线时，关于平行投影的性质，下列说法不正确的是(   )。

A. 直线或线段的平行投影仍是直线或线段

B. 平行直线的平行投影仍是平行直线

C. 与投射面平行的平面图形，它的投影与这个图形全等

D. 在同一直线或平行直线上，两条线段平行投影的比等于这两条线段的比

3. 请画出下面物体的正投影。

四棱锥：   光源在正前方：   光源在正左方：

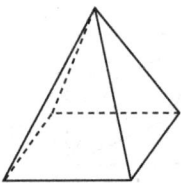

第3题图   光源在正上方：

4. 如图，△ABC 在水平面 α 的上方，点光源 S 在△ABC 的上方，画出△ABC 在光源 S 下投射到平面 α 内的中心投影。

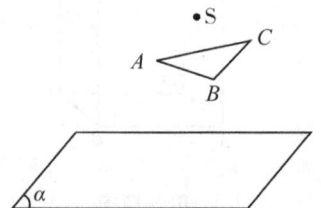

第4题图

7.1.3 简单几何体的三视图画法

课标要求	知识脉络
理解实物或空间图形的正视图、俯视图和左视图	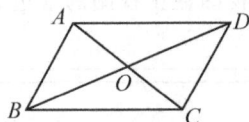

→ 知识准备

图 7-6 所示为几种特殊的平行四边形。

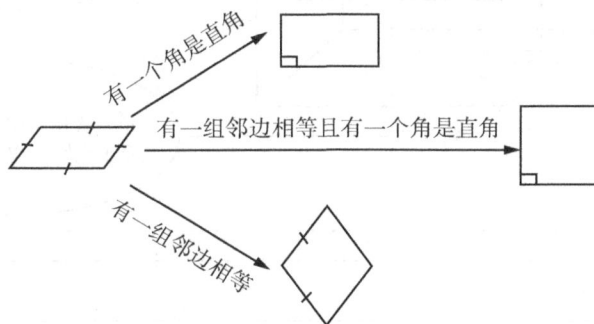

图 7-6

(1)矩形具有而一般的平行四边形不具有的性质是（　　　）。

A. 对角相等　　　B. 对边相等　　　C. 对角线相等　　　D. 对角线互相平分

(2)如图 7-7 所示，要使平行四边形 $ABCD$ 成为菱形，需要添加的条件是（　　　）。

A. $AC=BD$　　　B. $AD=BC$　　　C. $AB=CD$　　　D. $AB=BC$

(3)如图 7-8 所示，已知正方形的边长为 4 cm，则其对角线长是（　　　）。

A. 8 cm　　　B. 16 cm　　　C. 32 cm　　　D. $4\sqrt{2}$ cm

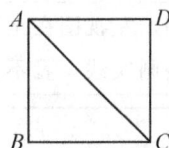

图 7-7　　　　　　　　　　图 7-8

知识要点

知识点一　三视图

正视图	光线自物体前向后投射所得的正投影称为正视图或正视图
俯视图	光线自物体上向下投射所得的正投影称为俯视图
左视图	光线自物体左向右投射所得的正投影称为左视图
图示	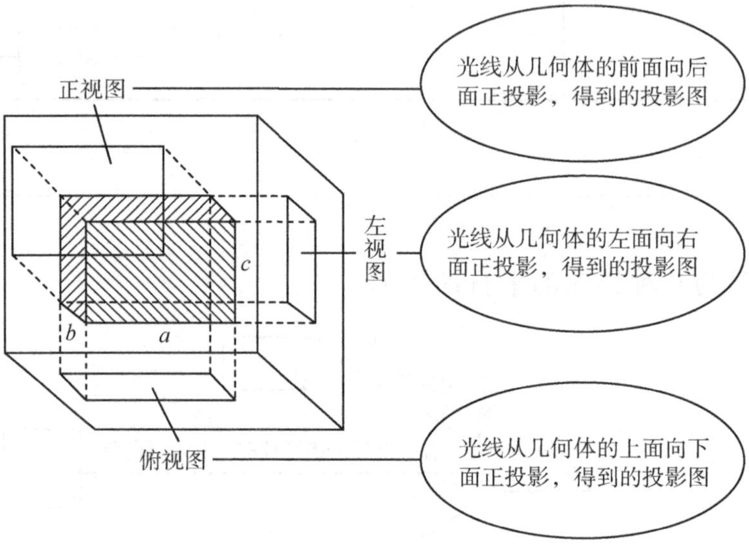 正视图 光线从几何体的前面向后面正投影，得到的投影图 左视图 光线从几何体的左面向右面正投影，得到的投影图 c b a 俯视图 光线从几何体的上面向下面正投影，得到的投影图

知识点二　三视图画法规则

规则	高平齐：正视图与左视图的高要保持平齐。 长对正：正视图与俯视图的长应对正。 宽相等：俯视图与左视图的宽度应相等 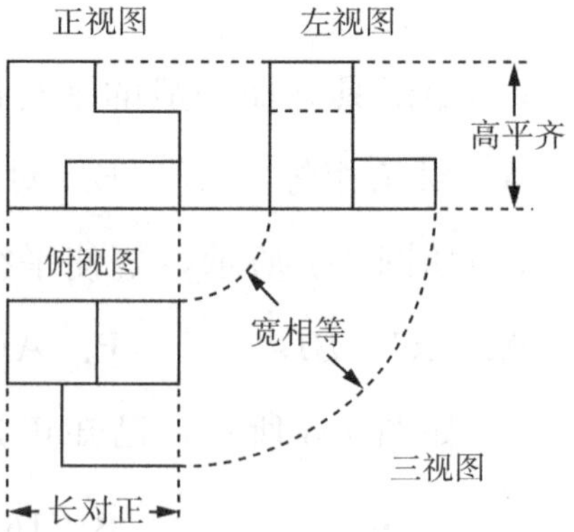 正视图 左视图 高平齐 俯视图 宽相等 三视图 长对正
作图要求	(1)先画正视图，左视图在正视图的右边，俯视图在正视图的下边。 (2)看得见的棱画实线，看不见的棱画虚线

→ **典例精析** ●

例 1 如图 7-9，画出圆柱的三视图。

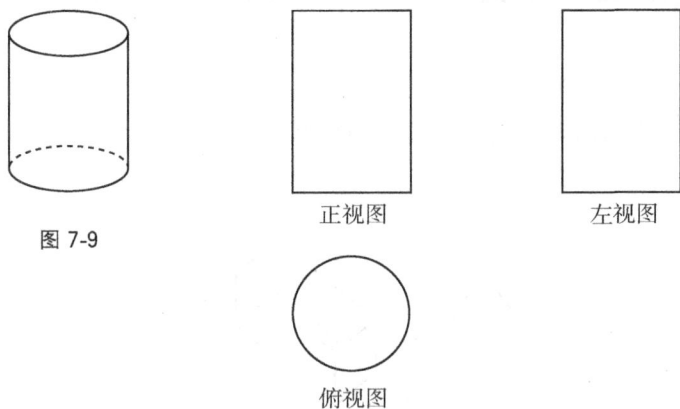

图 7-9

正视图   左视图

俯视图

解 三视图如图。注意三视图的摆放位置和长、宽、高。

解题反思 画三视图要注意的事项。

(1)光线照射的位置和方向；

(2)画出的三视图分别摆放的位置应准确无误，不能随意摆放。

例 2 如图 7-10，根据三视图判断几何体形状。

(1)

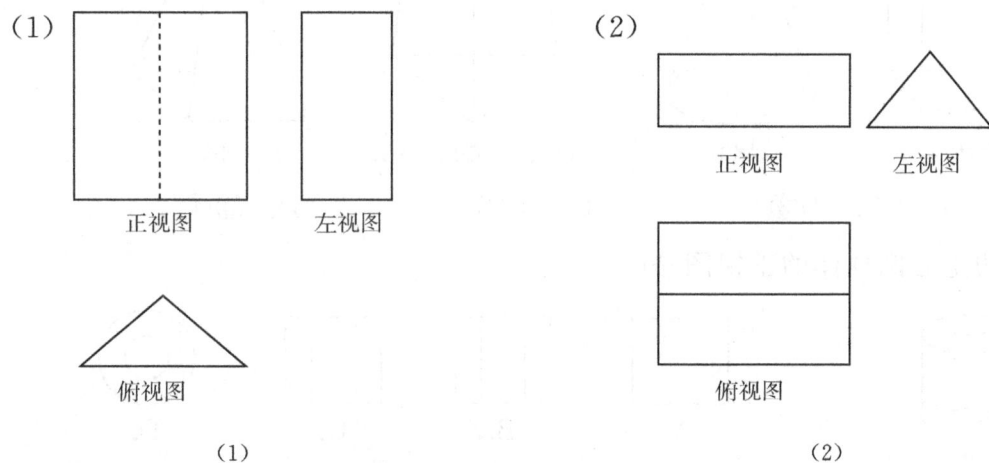

正视图   左视图

俯视图

(1)

(2)

正视图   左视图

俯视图

(2)

图 7-10

解 (1)三棱柱(竖放)。(2)三棱柱(横放)。

解题反思 培养学生的逆向思维能力和空间想象能力。

→ 训练测评

【基础达标训练】

一、选择题

1. 如图，桌面上放着一个圆锥和一个长方体，则它们的俯视图是（   ）。

A.

B.

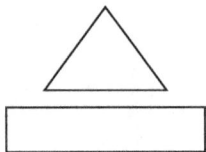
C.

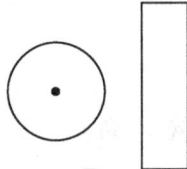
D.

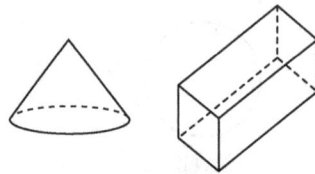
第1题图

2. 下列几何体各自的三视图中，有且仅有两个视图相同的是（   ）。

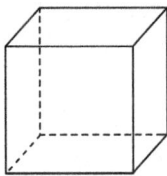
①正方体

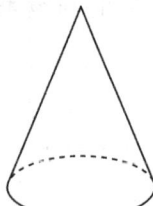
②圆锥

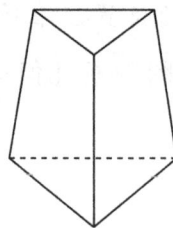
③截掉上部的三棱锥

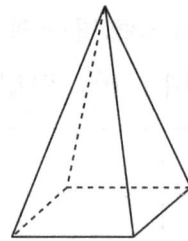
④正四棱锥

A. ①②   B. ①③   C. ①④   D. ②④

3. 如图，左边空心圆柱体的正视图是（   ）。

第3题图

A.   B.   C.   D.

4. 如图，图中的几何体是圆柱沿竖起方向切掉一半后得到的，则该几何体的俯视图是（   ）。

第4题图

A.   B.   C.   D.

5. 一个几何体的三视图如图所示，则该几何体的直观图可以是（　　　）。

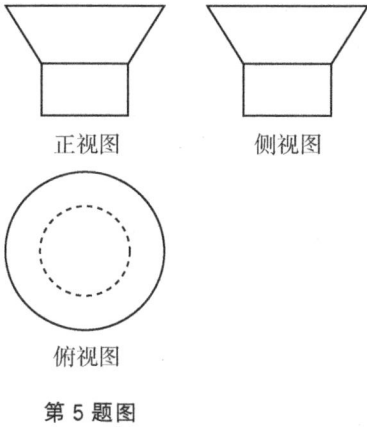

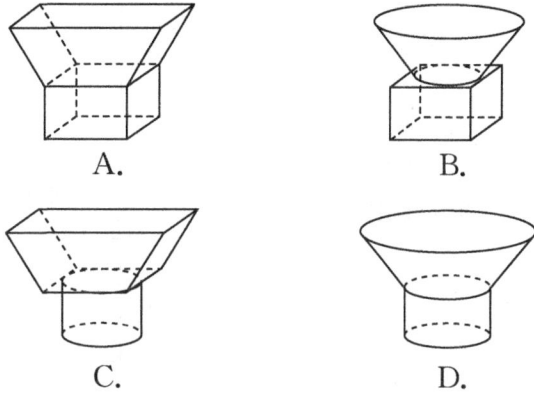

正视图　　　侧视图

俯视图

第 5 题图

A.　　　　　B.

C.　　　　　D.

6. 某几何体的正视图如下左图所示，则该几何体的俯视图不可能是（　　　）。

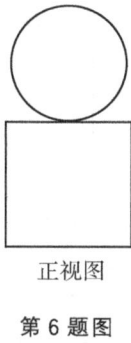

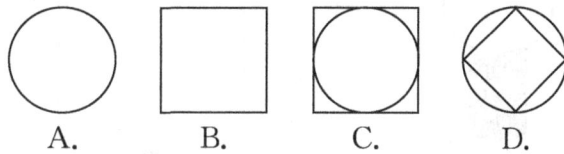

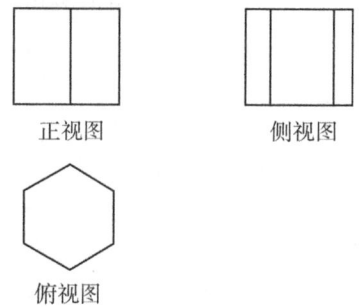

正视图

第 6 题图

A.　　　B.　　　C.　　　D.

二、填空题

7. 如图所示的三视图表示的几何体是_____。

8. 若某几何体有一种视图为圆，那么这个几何体可能是

_____。

正视图　　　　侧视图

俯视图

第 7 题图

9. 如图，写出右面三个平面图形是左面这个物体的三视图中的哪个视图。

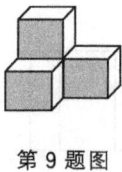

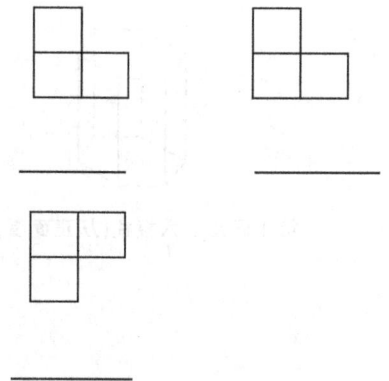

第 9 题图

三、解答题

10. 画出下列几何体的三视图。

（1）
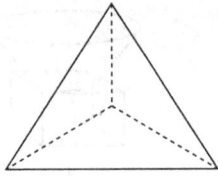

第 10 题图(1)

正视图

左视图

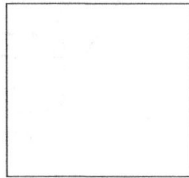

俯视图

（2）
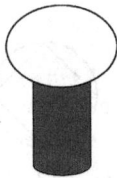

第 10 题图(2)

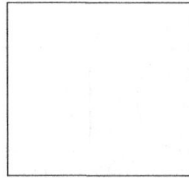

正视图

左视图

俯视图

【能力提高训练】

1. 请将六棱柱的三视图名称填在相应的横线上。

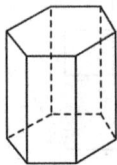

第 1 题图　六棱柱(从正面看)

2. 画出下列几何体的三视图。

(1)

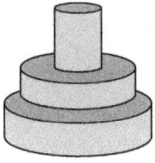

第2题图(1)

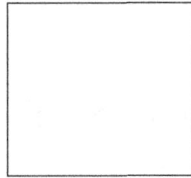

正视图

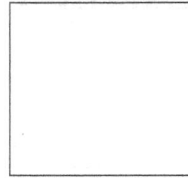

左视图

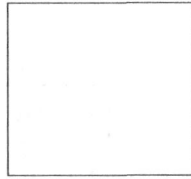

俯视图

(2)

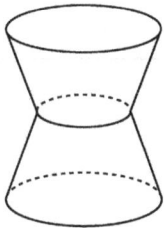

第2题图(2)

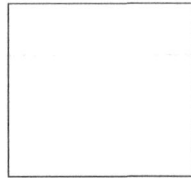

正视图

左视图

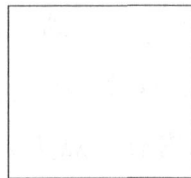

俯视图

3. 如图所示是一个奖杯的三视图，你能想象出它的几何结构，并画出它的直观图吗？

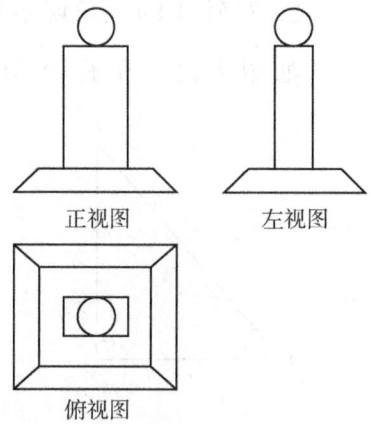

正视图   左视图

俯视图

第3题图

7.2 简单几何体的直观图

7.2.1 斜二测法

课标要求	知识脉络
初步掌握画空间图形的直观图的斜二测法	斜二测法 —— 画法 —— 确定平行线段 —— 确定线段长度

→ **知识准备**

1. 点到坐标轴的距离。

(1)点 $A(-3,4)$ 到 x 轴的距离为_____，到 y 轴的距离为_____。

(2)点 $P(x,y)$ 到 x 轴的距离为_____，到 y 轴的距离为_____。

(3)若点 $P(-2,a)$ 到 x 轴的距离为 3，则 $a=$_____。

(4)平面直角坐标系中，在第二象限内有一点 P，且点 P 到 x 轴的距离是 4，到 y 轴的距离是 5，则点 P 的坐标为( )。

A.$(-5,4)$ B.$(-4,5)$ C.$(4,5)$ D.$(5,-4)$

2. 特殊角的三角函数值。

如图 7-11，在 Rt$\triangle ACB$ 中，$\angle C=90°$。

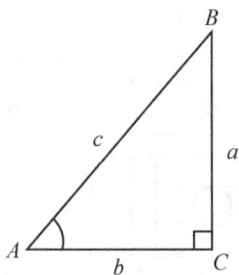

$$\sin\angle A=\text{_____}=\text{_____};$$
$$\cos\angle A=\text{_____}=\text{_____};$$
$$\tan\angle A=\text{_____}=\text{_____}。$$

图 7-11

(1)$\sin 30°+\cos 45°=$_____。

(2)$\sin^2 60°+\cos^2 60°-\tan 45°=$_____。

3. 三角形的面积公式：$S = \dfrac{1}{2}$ 底 × 高。

(1) 在 $\triangle ABC$ 中，$|BC| = 2$，$\angle A = 90°$，$\angle C = 45°$，则 $\triangle ABC$ 的面积是 _____。

(2) 在 $\triangle ABC$ 中，已知 $B = 60°$，$\cos C = \dfrac{1}{2}$，$|AC| = 2$，则 $\triangle ABC$ 的面积是 _____。

知识要点

知识点一　对直观图的基本认识

观察者从某一点观察几何体而获得的图形，我们称之为几何体的直观图。直观图就是将立体图形画在平面上，而且能体现它的立体特征的图形

知识点二　斜二测法的基本步骤

(1) 画轴。

① 建立平面直角坐标系，在已知水平放置的平面图形中取互相垂直的 Ox，Oy，建立平面直角坐标系。

② 画出斜坐标系，在画直观图的平面上画出对应的 Ox'，Oy'，使 $\angle x'Oy' = 45°$（或 $135°$），它们确定的平面表示水平平面。

(2) 画线。

将已知图形平行于 x 轴的线段，在直观图中画成平行于 x' 轴的线段。

将已知图形平行于 y 轴的线段，在直观图中画成平行于 y' 轴的线段。

(3) 取长度。

已知图形中平行于 x 轴的线段，在直观图中保持原长度不变。

已知图形中平行于 y 轴的线段，在直观图中长度为原来的一半

注意：

(1) 图画好后，要擦去 x 轴、y 轴及为画图添加的辅助线（虚线）。

(2) 坐标轴的建立可根据实际图形进行建立，最好建立在原有的线段上

典例精析

例 1　用斜二测法画水平放置的正方形的直观图。

解　画法：

① 如图 7-12(1)，在正方形 $ABCD$ 中，取 EF 所在直线为 x 轴，对称轴 GH 所在直线为 y 轴，两轴相交于点 O。在图 7-12(2) 中，画相应的 x' 轴与 y' 轴，两轴相交于点 O'，使 $\angle x'O'y' = 45°$（或 $135°$）。

② 在图 7-12(2) 中，以 O' 为中点，在 x' 轴上取 $|E'F'| = |EF|$，在 y' 轴上取 $G'H' = \dfrac{1}{2}GH$，且以 G' 为中点，画 $C'D'$ 平行于 x' 轴，并且长度等于 CD 的长度（即 $|C'D'| = |CD|$）；

再以 H' 为中点，画 $A'B'$ 平行于 x' 轴，并且长度等于 AB 的长度（即 $|A'B'|=|AB|$）。

③连接 $B'C'$，$A'D'$，并擦去辅助线 x' 轴和 y' 轴，便获得正方形 $ABCD$ 水平放置的直观图 $A'B'C'D'$，如图 7-12(3)。

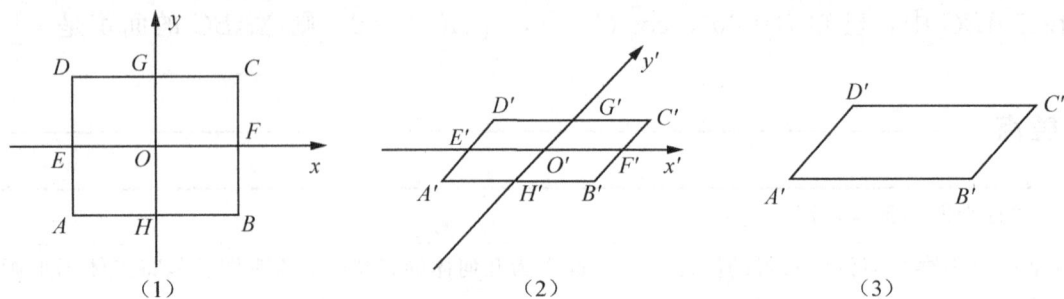

图 7-12

解题反思 按斜二测法的基本步骤可完成。记口诀：横不变，竖折半；平行关系不改变，90°角关系画一半。

例 2 已知等腰梯形 $ABCD$，上底 $|CD|=1$，腰 $|AD|=|CB|=\sqrt{2}$，下底 $|AB|=3$，以下底所在直线为 x 轴，求由斜二测法画出的直观图 $A'B'C'D'$ 的面积。

解 如图 7-13(1)和(2)分别为等腰梯形 $ABCD$ 的实际图形和直观图。

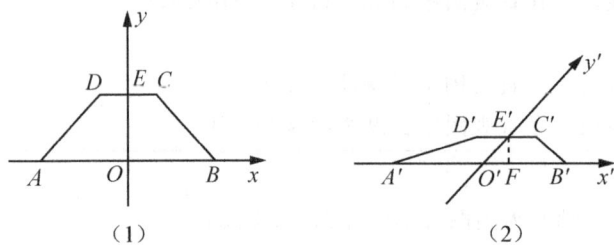

图 7-13

因为 $|OE|=\sqrt{(\sqrt{2})^2-1}=1$，

由斜二测法可知 $|O'E'|=\dfrac{1}{2}$，$|E'F|=\dfrac{\sqrt{2}}{4}$，$|D'C'|=1$，$|A'B'|=3$，

则直观图 $A'B'C'D'$ 的面积 $S'=\dfrac{1+3}{2}\times\dfrac{\sqrt{2}}{4}=\dfrac{\sqrt{2}}{2}$。

解题反思 (1)画几何体的直观图一般采用斜二测法，其规则可以用"斜"（两坐标轴成45°或135°）和"二测"（平行于 y 轴的线段长度减半，平行于 x 轴的线段长度不变）来掌握。

(2)按照斜二测法得到的平面图形的直观图，其面积与原图形的面积的关系为：

$$S_{直观图}=\dfrac{\sqrt{2}}{4}S_{原图形}。$$

→ 训练测评 ──●

【基础达标训练】

一、选择题

1. 用斜二测法画水平放置的平面图形的直观图，对其中的线段说法错误的是（　　）。

A. 原来相交的仍相交　　　　　　　　B. 原来垂直的仍垂直

C. 原来平行的仍平行　　　　　　　　D. 原来共点的仍共点

2. 如图为一平面图形的直观图，则此平面图形可能是选项中的（　　）。

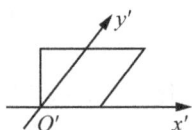

第2题图

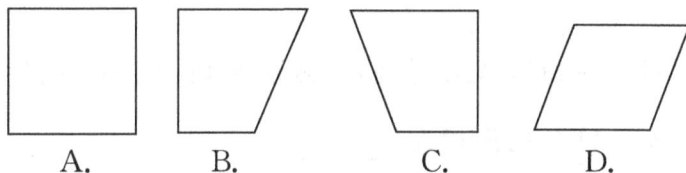

A.　　　　　B.　　　　　C.　　　　　D.

3. 如图是水平放置的三角形的直观图，$AB /\!/ y$ 轴，则 $\triangle ABC$ 是（　　）。

A. 等边三角形　　　　　　　　　　B. 等腰三角形

C. 直角三角形　　　　　　　　　　D. 等腰直角三角形

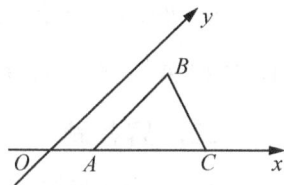

第3题图

4. 关于斜二测法画直观图，如下说法不正确的是（　　）。

A. 原图形中平行于 x 轴的线段，其对应线段平行于 x' 轴，长度不变

B. 原图形中平行于 y 轴的线段，其对应线段平行于 y' 轴，长度变为原来的 $\dfrac{1}{2}$

C. 画与平面直角坐标系 xOy 对应的 $x'O'y'$ 时，$\angle x'O'y'$ 必须是 $45°$

D. 在画直观图时，由于选轴的不同，所得的直观图可能不同

5. 如图，用斜二测法画得的水平放置图形的直观图为一个正方形，则原来图形的形状是（　　）。

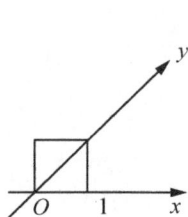

第5题图

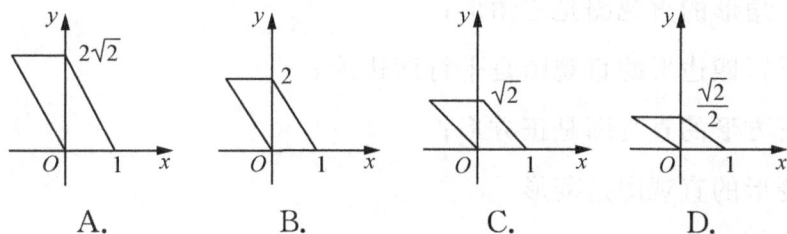

A.　　　　　B.　　　　　C.　　　　　D.

6. 下列叙述正确的个数是( )。

①相等的角，在直观图中仍相等；

②长度相等的线段，在直观图中长度仍相等；

③若两条直线平行，则在直观图中对应的直线仍平行；

④若两条直线垂直，则在直观图中对应的直线也互相垂直。

A. 0   B. 1   C. 2   D. 3

7. 如图是一梯形 $OABC$ 的直观图，其直观图面积为 S，则梯形 $OABC$ 的面积为( )。

A. $2S$ B. $\sqrt{2}S$ C. $2\sqrt{2}S$ D. $\sqrt{3}S$

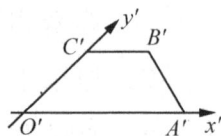

第 7 题图

二、填空题

8. △$A'B'C'$是正三角形 ABC 的斜二测法所画的水平放置图形的直观图。若△$A'B'C'$的面积为 $\sqrt{3}$，那么△ABC 的面积为_____。

9. 如图，矩形 $O'A'B'C'$是水平放置的一个平面图形的直观图，其中 $O'A'=6$ cm，$C'D'=2$ cm，则原图形的形状是_____。

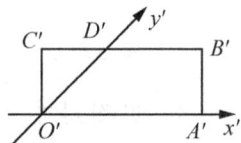

第 9 题图

三、解答题

10. 如图所示，请画出水平放置的直角梯形 $OBCD$ 的直观图。

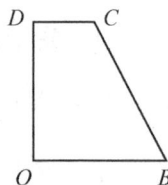

第 10 题图

【能力提高训练】

1. 关于斜二测法画几何图形，以下结论正确的是( )。

①三角形的直观图是三角形；

②平行四边形的直观图是平行四边形；

③正方形的直观图是正方形；

④菱形的直观图是菱形。

A. ①②   B. ①   C. ③④   D. ①②③④

2. 如图所示的用斜二测法所画的水平放置的 $\triangle ABC$ 的直观图。已知 $A'C'=3$，$B'C'=2$，则 AB 边上的中线的实际长度为（　　）。

A. 5 　　　　　 B. $\dfrac{5}{2}$ 　　　　　 C. $2\sqrt{10}$ 　　　　　 D. $\sqrt{10}$

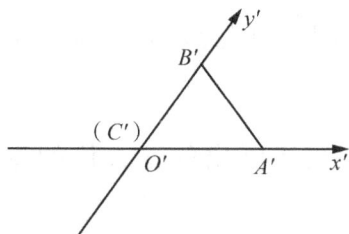

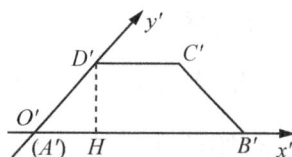

第 2 题图 　　　　　　　　　　　 第 3 题图

3. 如图，一个水平放置的平面图形的直观图（用斜二测法画得）是一个底角为 $45°$、腰和上底长均为 2 的等腰梯形，则原图形的面积是（　　）。

A. $2+\sqrt{2}$ 　　　　 B. $1+\sqrt{2}$ 　　　　 C. $4+2\sqrt{2}$ 　　　　 D. $8+4\sqrt{2}$

4. 如图，请用斜二测法画水平放置的正六边形 $ABCDEF$ 的直观图。

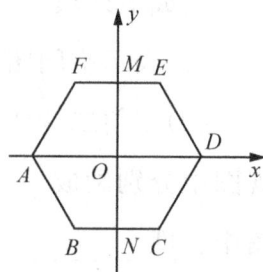

第 4 题图

7.2.2　简单几何体的直观图画法

课标要求	知识脉络
掌握用斜二测法画简单几何体的直观图	画直观图 —— 画轴 / 画底面 / 画侧棱 / 成图

→ 知识准备

1. 平行投影和中心投影

中心投影(透视)中水平线仍保持水平，铅垂线仍保持竖直，但斜的平行线会相交于一点。

中心投影(透视)作图方法比较复杂，且不易度量，因此，在立体几何中，通常采用平行投影来画空间图形的直观图。

图 7-14 和图 7-15 是分别采用平行投影和中心投影画出的正方体的直观图，观察它们的特点，你认为哪一个图作图比较方便？

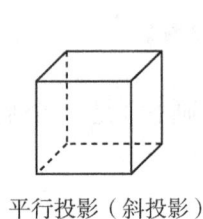

平行投影（斜投影）

图 7-14

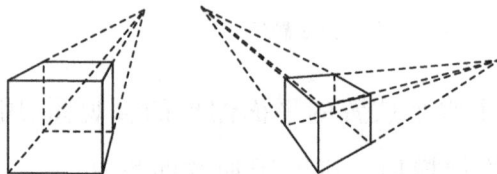

中心投影

图 7-15

完成下列填空：

(1)表示空间图形的_____，叫作空间图形的直观图。

(2)用斜二测法画空间图形的直观图时，图形中平行于 x 轴、y 轴或 z 轴的线段，在直观图中分别画成_____于 x' 轴、y' 轴或 z' 轴的线段。平行于 x 轴和 z 轴的线段，在直观图中长度_____ ；平行于 y 轴的线段，长度变为原来的_____。

(3)斜二测法是一种特殊的_____投影画法。

2. 空间直角坐标系(了解)

(1)若 $OABC-DEGH$ 是单位正方体。以 O 为原点，分别以射线 OA，OC，OD 的方向为正方向，以线段 OA，OC，OD 的长为单位长，建立三条数轴：x 轴、y 轴、z 轴。这时我们说建立了一个空间直角坐标系 $O-xyz$，其中点 O 叫作坐标原点，x 轴、y 轴、z 轴叫作坐标轴。通过每两个坐标轴的平面叫作平面直角坐标系，分别称为 xOy 平面、yOz 平面、zOx 平面。

强调：①在空间取定一点 O(原点)。

②从 O 出发引三条两两垂直的直线(坐标轴)。

③选定某个长度作为单位长度。

(2)如图 7-16，点 $M(x，y，z)$ 是空间直角坐标系 $O-xyz$ 中的一点。

①与点 M 关于 x 轴对称的点：$(x，-y，-z)$。

②与点 M 关于 y 轴对称的点：_____。

③与点 M 关于 z 轴对称的点：_____。

总结规律：关于谁对称，谁不变，其余相反。

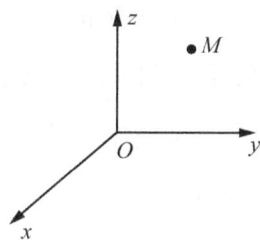

图 7-16

→ **知识要点** ●

> **知识点　简单几何体直观图画法步骤**
>
> （1）画轴：建立空间直角坐标系，画 x 轴、y 轴、z 轴，三轴相交于点 O，使 $\angle xOy=45°$ 或 $135°$，$\angle xOz=90°$（在空间图形中取互相垂直的 x 轴和 y 轴，两轴交于点 O，再取 z 轴，使 x 轴、y 轴和 z 轴两两互相垂直，并使尽量多的顶点落在坐标轴上；三轴相交于点 O，x 轴和 y 轴所确定的平面表示水平面）。
>
> （2）画底面：按照水平放置的平面图形的直观图的画法（斜二测法）要求，画出简单几何体的底面的直观图。
>
> （3）确定底面外的其他顶点的位置。
>
> （4）成图：连接各顶点，去掉辅助线，并将被遮挡的部分改为虚线，就得到了简单几何体的直观图

→ **典例精析** ●

例 1　用斜二测法画长 4 cm、宽 3 cm、高 2 cm 的长方体 $ABCD-ABCD$ 的直观图。

解　画法：

①画轴。如图 7-17(1)，画 x 轴、y 轴、z 轴，三轴相交于点 O，使 $\angle xOy=45°$，$\angle xOz=90°$。

②画底面。如图 7-17(1)，以点 O 为中点，在 x 轴上取线段 MN，使 $MN=4$ cm；在 y 轴上取线段 PQ，使 $PQ=\dfrac{3}{2}$ cm。分别过点 M 和 N 作 y 轴的平行线，分别过点 P 和 Q 作 x 轴的平行线，设它们的交点分别为 A，B，C，D，四边形 $ABCD$ 就是长方体的底面 $ABCD$。

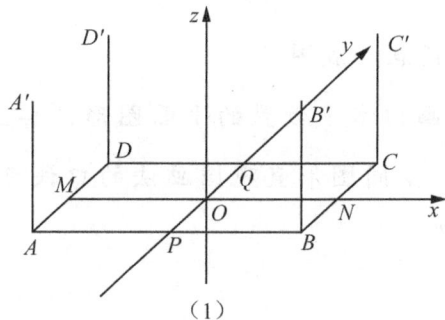
　（1）

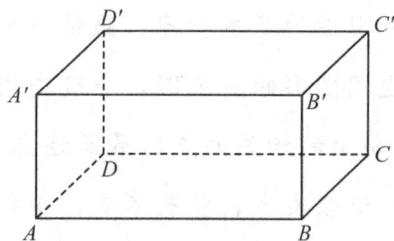
　（2）

图 7-17

③画侧棱。如图 7-17(1)，过 A，B，C，D 各点分别作 z 轴的平行线，并在这些平行线上分别取 2 cm 长的线段 AA'，BB'，CC'，DD'。

④成图。顺次连接 $A'B'$，$B'C'$，$C'D'$，$D'A'$，并加以整理(去掉辅助线，将被遮挡的部分改为虚线)，就得到长方体的直观图，如图 7-17(2)。

解题反思 按空间几何体的直观图的画法规则即可完成。画立体图形的直观图，在画轴时，要多画一条与平面 xOy 垂直的轴 Oz，且平行于 Oz 的线段长度不变，其他同平面图形的画法。特别注意：先用斜二测画法作出长方体的一个底面，平行于 z 轴的线段长度和平行于 x 轴的线段长度都保持不变。

例 2 画出底面是正方形，侧棱均相等的四棱锥的直观图。

解 (1)画轴。

画 Ox 轴、Oy 轴、Oz 轴，$\angle xOy=45°$(或 $135°$)，$\angle xOz=90°$，如图 7-18(1)。

(2)画底面。

以 O 为中心，在 xOy 平面内，画出正方形水平放置的直观图 $ABCD$。

(3)画顶点：在 Oz 轴上截取 OP，使 OP 的长度等于原四棱锥的高。

(4)成图：依次连接 PA，PB，PC，PD，并擦去辅助线，将被遮挡的部分改为虚线，即得四棱锥的直观图，如图 7-18(2)。

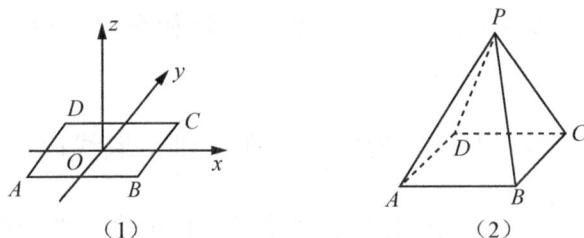

图 7-18

解题反思

(1)画直观图的基本步骤：画轴→画底面→画顶点→成图。

(2)画空间图形的直观图，一般先用斜二测法画出水平放置的平面图形，再画 z 轴，并确定竖直方向上的相关的点，最后连点成图便可。空间图形直观图画法的口诀可以总结为："横长不变，纵长减半，竖长不变，平行关系不变"。

→ **训练测评** ————————————————————————————————●

【基础达标训练】

一、选择题

1. 根据斜二测法的规则画直观图时，把 Ox，Oy，Oz 轴画成对应的 $O'x'$，$O'y'$，$O'z'$，则 $\angle x'O'y'$ 与 $\angle x'O'z'$ 的度数分别为（　　）。

　A. $90°$，$90°$　　　　　B. $45°$，$90°$　　　　　C. $135°$，$90°$　　　　　D. $45°$或$135°$，$90°$

2. 关于斜二测法所得直观图的说法正确的是（　　）。

　A. 直角三角形的直观图仍是直角三角形　B. 梯形的直观图是平行四边形

　C. 正方形的直观图是菱形　　　　　　　　D. 平行四边形的直观图仍是平行四边形

3. 已知正三角形 ABC 的边长为 a，那么 $\triangle ABC$ 的直观图的面积为（　　）。

　A. $\dfrac{\sqrt{3}}{4}a^2$　　　　　B. $\dfrac{\sqrt{3}}{8}a^2$　　　　　C. $\dfrac{\sqrt{6}}{8}a^2$　　　　　D. $\dfrac{\sqrt{6}}{16}a^2$

4. 用斜二测法画直观图时，若把一个高为 10 cm 的圆柱的底面画在 $x'O'y'$ 平面上，则圆柱的高应画成（　　）。

　A. 平行于 z' 轴且大小为 10 cm　　　　　B. 平行于 z' 轴且大小为 5 cm

　C. 与 z' 轴成 $45°$ 且大小为 10 cm　　　　　D. 与 z' 轴成 $45°$ 且大小为 5 cm

二、填空题

5. 判断（正确的打"√"，错误的打"×"）。

(1)两条平行直线在直观图中对应的两条直线仍然平行。　　　　　　　　　　（　　）

(2)平行于坐标轴的直线在直观图中仍然平行于坐标轴。　　　　　　　　　（　　）

(3)平行于坐标轴的线段长度在直观图中仍然保持不变。　　　　　　　　　（　　）

6. 如图(1)所示为水平放置的正方形 $ABCO$，它在平面直角坐标系 xOy 中，点 B 的坐标为 $(2，2)$，则在用斜二测法画出的它的直观图中，如图(2)，顶点 B' 到 x' 轴的距离为_____。

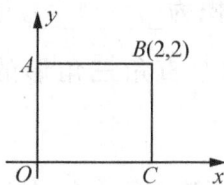　　　　　　　　　　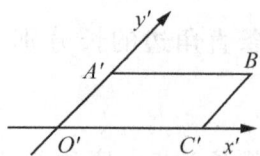

　　　　第 6 题图(1)　　　　　　　　　第 6 题图(2)

三、解答题

7. 用斜二测法画底面半径为 2 cm，高为 4 cm 的圆锥的直观图(不写画法)。

【能力提高训练】

用斜二测法画一个底面边长为 2 cm，高为 3 cm 的正三棱柱的直观图。

7.3 简单几何体的表面积

7.3.1 直棱柱、 正棱锥的表面积

课标要求	知识脉络
1. 了解多面体及棱柱、棱锥的有关概念。 2. 理解直棱柱、正棱锥的侧面展开图。 3. 掌握直棱柱、正棱锥的侧面积公式	直棱柱、正棱锥 ─── 直棱柱 ─── 侧面积 / 底面积；正棱锥 ─── 侧面积 / 底面积

➜ 知识准备

1. 三角形的周长和面积。

(1)边长为 2 的等边三角形的周长为_____，面积为_____。

(2)直角三角形两条直角边的长分别为 3，4，则这个直角三角形的周长为_____，面积为_____。

(3)等腰三角形的腰长为 5，底边长为 8，则这个等腰三角形的周长为_____，面积为_____。

2. 四边形的周长和面积。

(1)边长为 2 的正方形的周长为_____，面积为_____。

(2)边长为 2，有一个角为 60°的菱形的周长为_____，面积为_____。

(3)如图 7-19，两邻边长分别为 2 和 4，夹角为 60°的平行四边形
的周长为_____，面积为_____。

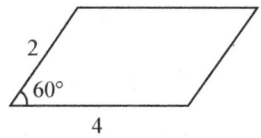

图 7-19

3. 长方体的表面积。

(1)图 7-20(1)中，正方体的表面积为_____。

(2)图 7-20(2)中，长方体的表面积为_____。

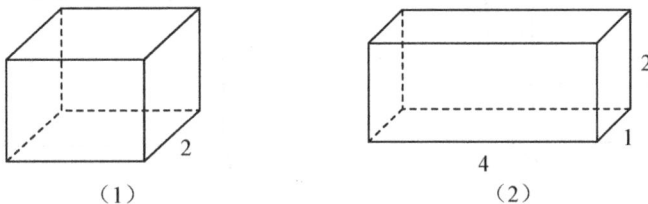

（1）

（2）

图 7-20

4. 回顾初中所学，完成下列填空：

(1)三角形角平分线的交点是_____。

(2)三角形垂直平分线的交点是_____。

(3)三角形中线的交点是_____。

(4)三角形各边高的交点是_____。

➡ 知识要点

知识点　直棱柱、正棱锥的侧面展开图及其面积		
名称	直棱柱	正棱锥
展开图		
侧面积	$S_{侧}=ch$	$S_{侧}=\dfrac{1}{2}ch'$，h' 是侧面等腰三角形底边上的高，即斜高
表面积	$S_{表}=S_{侧}+2S_{底}$	$S_{表}=S_{侧}+S_{底}$

➔ **典例精析** ────────────────────────────────────

例1 如图7-21，在长方体盒子 $ABCD-A_1B_1C_1D_1$ 上，有 $AB=3$，$BB_1=4$，$BC=1$，A 点有一只蚂蚁，它想去 CC_1 的中点 M 点吃食物，请你帮它规划一条最短路径，并计算最短路径的长度。

解 将长方体盒子的两个面 ABB_1A_1 和 BCC_1B_1 展开在一个平面上，如图7-22所示。

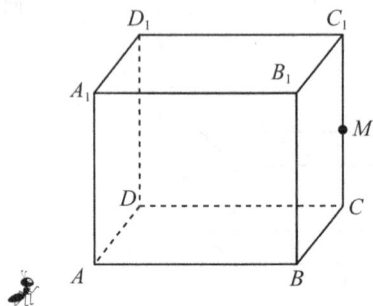

图7-21

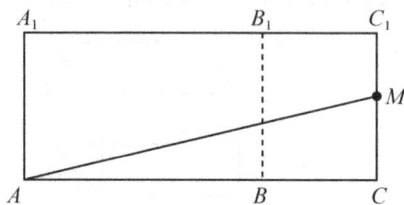

图7-22

利用两点之间直线最短，所以沿直线 AM 从点 A 到达点 M，线路最短。

在 $Rt\triangle ACM$ 中，由勾股定理得 $|AM|=\sqrt{|AC|^2+|CM|^2}=\sqrt{4^2+2^2}=2\sqrt{5}$。

解题反思 把立体几何转换为平面图形，充分利用平面几何的性质解决问题，这是常见的数学方法。

例2 如图7-23，正三棱锥 $P-ABC$ 中，底面边长为2，侧面腰长为4，试求正三棱锥的侧面积和表面积。

解 $\triangle ABC$ 是等边三角形，侧面为三个全等的等腰三角形，作侧面三角形底边上的高 PD，$|PD|=\sqrt{16-1}=\sqrt{15}$。

所以 $S_{\triangle ABC}=\dfrac{\sqrt{3}}{4}\times 4=\sqrt{3}$，

$S_{\triangle PAB}=\dfrac{1}{2}\times 2\times\sqrt{15}=\sqrt{15}$，

所以 $S_{侧}=3S_{\triangle PAB}=3\sqrt{15}$，

$S_{表}=S_{\triangle ABC}+S_{侧}=\sqrt{3}+3\sqrt{15}$。

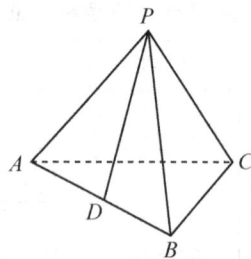

图7-23

解题反思 (1)正三棱锥底面是等边三角形，侧面是等腰三角形。

(2)求正三棱锥侧面积时，先画出等腰三角形底边的中线，利用"三线合一"的性质，中线即为底边上的高，从而求出斜高，进而求出侧面积。

（3）求底面积时，要注意底面是等边三角形。

（4）设等边三角形的边长为 a，则高 $h=\dfrac{\sqrt{3}}{2}a$，面积 $S=\dfrac{\sqrt{3}}{4}a^2$，这个结论在解题中可直接应用。

→ **训练测评** ─────────────────────────────────●

【基础达标训练】

一、选择题

1. 已知一正方体的表面积为 24，则其棱长为（　　　）。

　A. 2　　　　　　　B. 3　　　　　　　C. 4　　　　　　　D. 6

2. 正四棱柱的底面边长为 2，棱长为 4，则该正四棱柱的侧面积为（　　　）。

　A. 16　　　　　　　B. 24　　　　　　　C. 32　　　　　　　D. 40

3. 如图，有一无盖储物盒，则该储物盒的表面积为（　　　）。

　A. 8　　　　　　　B. 16

　C. 19　　　　　　　D. 22

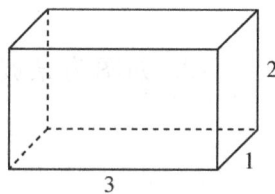

第 3 题图

4. 已知正六棱锥的底边长为 2，侧棱长为 3，则其侧面积为（　　　）。

　A. 6　　　　　　　B. $6\sqrt{2}$　　　　　　　C. 12　　　　　　　D. $12\sqrt{2}$

5. 已知正四面体的表面积为 $9\sqrt{3}$，则其底面边长为（　　　）。

　A. $\sqrt{3}$　　　　　　　B. 3　　　　　　　C. $\dfrac{3}{2}$　　　　　　　D. $\dfrac{\sqrt{3}}{2}$

二、填空题

6. 直棱柱的高为 4，底面是对角线分别为 6 和 8 的菱形，则该直棱柱的表面积为_____。

7. 直棱柱的侧面展开图是_____，正棱锥的侧面展开图是一些全等的_____。

8. 正五棱锥的底面周长为 30，斜高为 2，则该五棱锥的侧面积为_____。

9. 底面周长为 8，高为 2 的直棱柱的侧面积为_____。

10．正四棱锥的斜高与高的夹角为 30°，且斜高为 2，则该正四棱锥的表面积为_____。

三、解答题

11．如图，根据下列几何体的三视图，用斜二测法画出几何体的直观图，并求出该几何体的表面积。

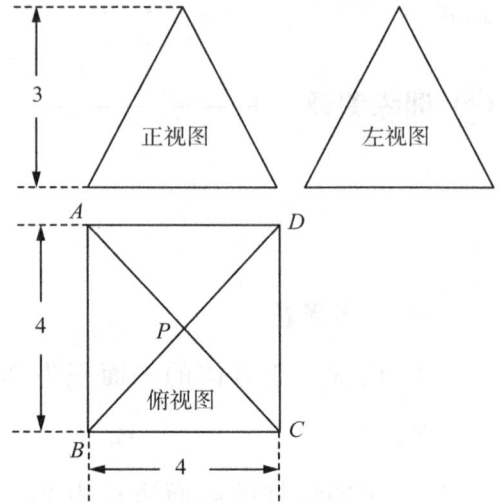

第 11 题图

12．如图为某玻璃制品的三视图，求出该玻璃制品几何体的表面积。

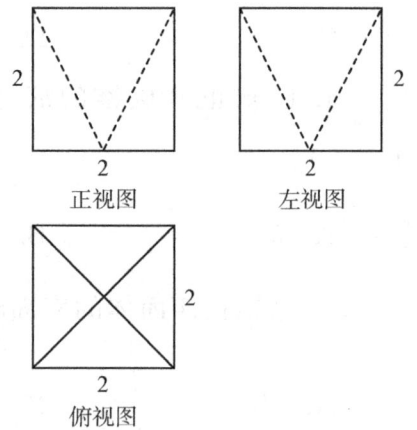

第 12 题图

【能力提高训练】

1. 如图所示的正方体，若将它展开，下列图形中（　　　）可以是它的展开图。

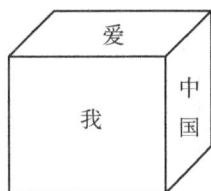

第1题图

A.

B.

C.

D.

2. 如图所示几何体的三视图，则该几何体的表面积为（　　　）。

A. 12   B. 24   C. 28   D. 32

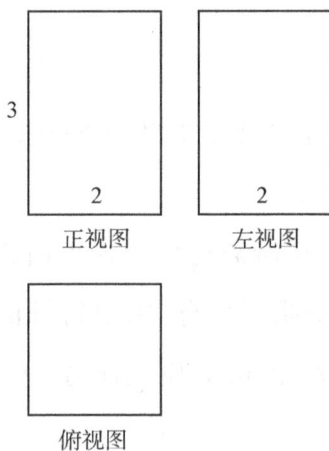

正视图   左视图

俯视图

第2题图

3. 如图，正四棱锥的底面边长为 a，棱长为 $2a$，则该正四棱锥的表面积为 _____。

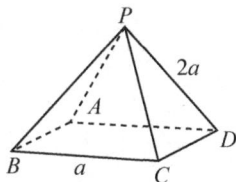

第3题图

4. 如图，根据下面的三视图，用斜二测法画出该几何体的直观图，并求出该几何体的表面积。

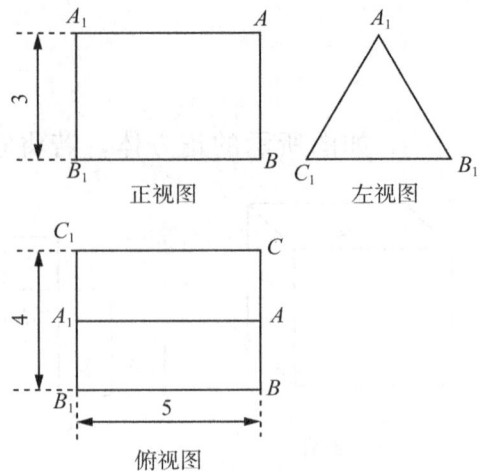

第 4 题图

5．某中职学校为庆祝国庆搭建了一个文艺表演舞台，现需订制一个如图所示的步梯（底面为空）。

（1）根据图中数据计算制作该步梯所需材料的最少面积。

（2）为安全起见，步梯正面（图中阴影部分）需要特殊的防滑材料，其他部分用一般材料。若防滑材料为 a 元/m^2，一般材料为 b 元/m^2，则预计购买材料最少需要多少元（用 a，b 表示）。

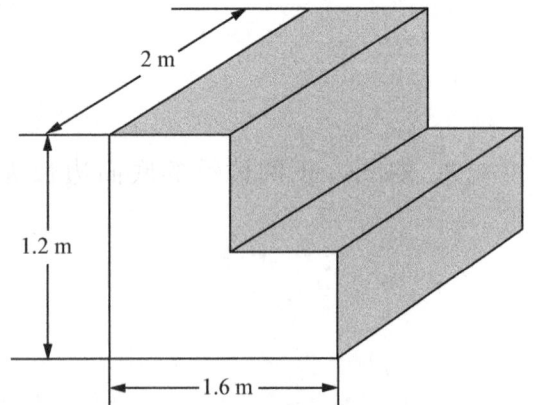

第 5 题图

7.3.2　圆柱、圆锥、球的表面积

课标要求	知识脉络
1. 了解旋转体及圆柱、圆锥、球的有关概念。 2. 理解圆柱、圆锥的侧面展开图。 3. 掌握圆柱、圆锥的侧面积公式，了解球的表面积公式	

➜ 知识准备

1. 半径为 2 cm 的圆的周长是_____，面积是_____。

2. 扇形的半径为 9，圆心角为 $120°$，则扇形的弧长为_____，面积为_____。

3. 扇形的半径为 r，圆心角为 α 弧度，则扇形的弧长为_____，面积为_____。

4. 扇形的半径为 4，其弧长为 4π，则圆心角为_____，面积为_____。

5. 圆柱的轴截面为_____，圆锥的轴截面为_____，球的轴截面为_____。

6. 圆的直径所对的圆周角是_____。

➜ 知识要点

知识点　圆柱、圆锥、球的表面积公式			
名称	圆柱	圆锥	球
图及展开图			
侧面积	$S_{侧}=2\pi rh$	$S_{侧}=\dfrac{1}{2}lR=\pi rR$	——
表面积	$S_{表}=2\pi rh+2\pi r^2$	$S_{表}=\pi rR+\pi r^2$	$S_{表}=4\pi r^2$

➔ 典例精析 ——●

例1 某粮仓的三视图如图 7-24(1)，请求出粮仓的表面积(内部无隔断)。

解 将三视图还原为直观图如图 7-24(2)。

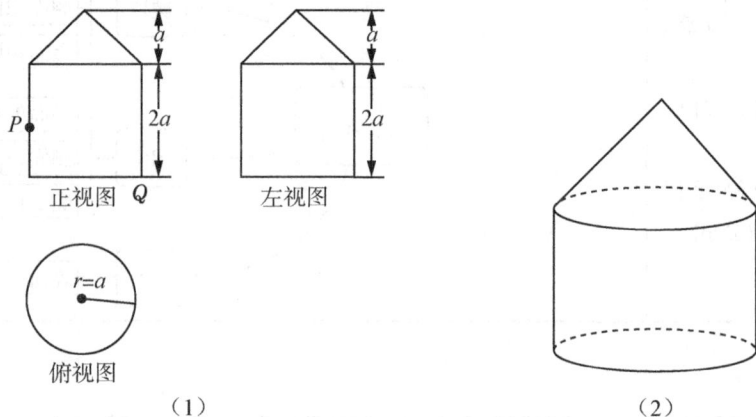

正视图 Q 左视图

俯视图

（1）   （2）

图 7-24

故表面积 $S = S_{圆柱侧} + S_{圆锥侧} + S_{底}$

$$= 2\pi a \times 2a + \pi a \times \sqrt{2} a + \pi a^2$$

$$= (5\pi + \sqrt{2} \pi) a^2。$$

解题反思

(1)根据三视图，正确分析并将其还原为原来的几何体；

(2)根据三视图中的数据确定原图中各个量的数据，进而进行计算，这是根据三视图进行相关计算的途径和方法。

例2 机械专业的同学，测得某半截球物体[图 7-25(1)]的截面圆的直径为 6 cm，截球部分的高度为 1 cm，试求出该球体的球半径和球的表面积。

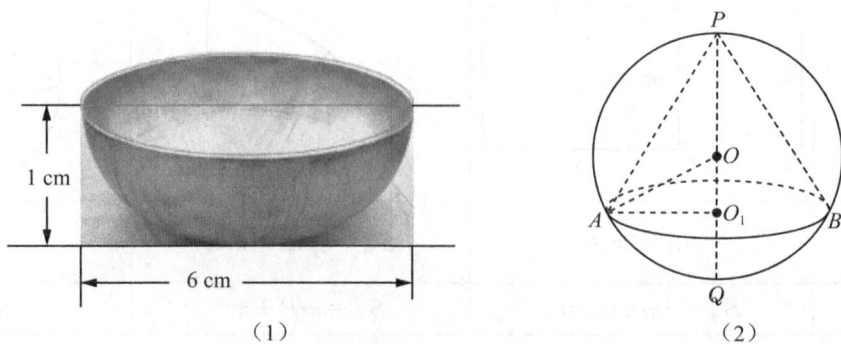

1 cm

6 cm

（1）   （2）

图 7-25

解 画出球体如图 7-24(2)。

其中 $AO=R$，$AO_1=3$，$OO_1=R-1$。

建立方程组，易得球半径为 5 cm，则球的表面积为 100π cm^2。

解题反思 利用数学知识解决实际问题是数学学科的基本功能，主要思想方法是数学建模。

→ 训练测评 ————————————————————————————————●

【基础达标训练】

一、选择题

1. 圆柱的轴截面是边长为 2 的正方形，则圆柱的表面积为（ ）。

A. 4π B. 6π C. 8π D. 12π

2. 圆锥的底面半径为 2，母线长为 3，则圆锥的表面积为（ ）。

A. 6π B. 9π C. 10π D. 12π

3. 圆锥的轴截面是边长为 2 的等边三角形，则圆锥的侧面积为（ ）。

A. π B. $\dfrac{3\pi}{2}$ C. 2π D. 4π

4. 圆锥的侧面展开图是圆心角为 120°，半径为 3 的扇形，则该圆锥的表面积为（ ）。

A. $\dfrac{3\pi}{2}$ B. 2π C. 3π D. 4π

5. 棱长为 1 的正方体的内切球的表面积为（ ）。

A. π B. 2π C. 3π D. 4π

二、填空题

6. 半径为 3 cm 的球的表面积为 _____。

7. 圆锥的轴截面是腰长为 $\sqrt{10}$ 的等腰直角三角形，则该圆锥的侧面积为 _____。

8. 边长为 1 的正方体的外接球的表面积为 _____。

三、解答题

9. 分别求右侧图形绕轴旋转一圈后得到的几何体的表面积。

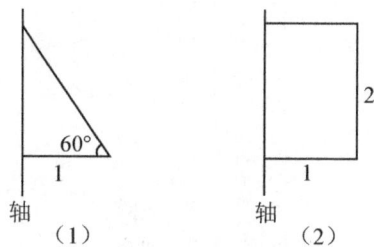

第 9 题图

10. 如图,底面半径为 4,高为 5 的实心圆柱,若从底面开始,挖一个直径为 2 的圆柱,求剩余的几何体的表面积。

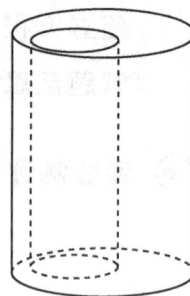

第 10 题图

【能力提高训练】

1. 已知圆锥的轴截面底边为 6,高为 3,则该圆锥的轴截面的顶角的正弦值为_____。

2. 已知球的半径变为原来的 2 倍,则表面积是原来的_____倍。

3. 如图为某物体的三视图,求出该物体的表面积。

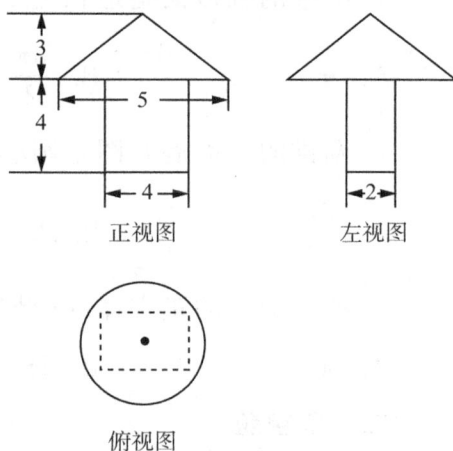

正视图   左视图

俯视图

第 3 题图

4. 表面积为 12π 的球,其内接正四棱柱的高是 2,求这个正四棱柱的表面积。

5. 如图，一种底面半径为 3，高为 4 的圆锥积木，现在需要从中截取一个高为 2 的圆柱，求出圆柱的底面半径和表面积。

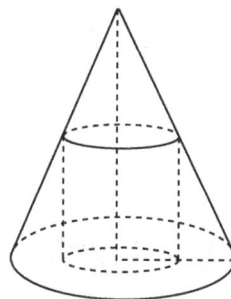

第 5 题图

7.4 **简单几何体的体积**

7.4.1　柱体、 锥体的体积

课标要求	知识脉络
理解柱体、锥体的体积公式	柱体、锥体 —— 柱体、锥体的特征；柱体、锥体的体积 —— 柱体的体积公式、锥体的体积公式

➔ 知识准备

1. 如图 7-26，过点 P 作直线的垂线段，这条垂线段的长度叫作_____。

$P\bullet$

图 7-26

2. 求长方体的体积。

已知长方体的长、宽、高分别为 2，3，4，则该长方体的体积为_____。

3. "等面积"法求斜边上的高。

如图 7-27 所示 $Rt\triangle ACB$ 中，斜边上的高 $h=$ _____。

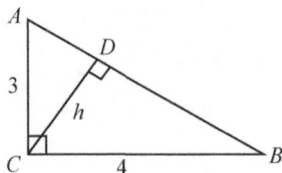

图 7-27

知识要点

知识点一　柱体和锥体的体积	
柱体的体积公式	$V_{柱体}=S_底\,h$
锥体的体积公式	$V_{锥体}=\dfrac{1}{3}S_底\,h$

知识点二　应用	
应用 1	会根据柱体体积公式，求柱体的体积
应用 2	会根据锥体体积公式，求锥体的体积
应用 3	根据直棱柱、正棱锥的表面积，求直棱柱、正棱锥的体积

典例精析

例 1 如图 7-28(1)，直角梯形绕虚线轴旋转一周，得到一个几何体，求出该几何体的体积。

解 可画出旋转体，如图 7-28(2)。

这个几何体由圆柱和圆锥两部分组成。根据柱体和锥体的体积公式分别计算，再求和得体积为 $\dfrac{44}{3}\pi$。

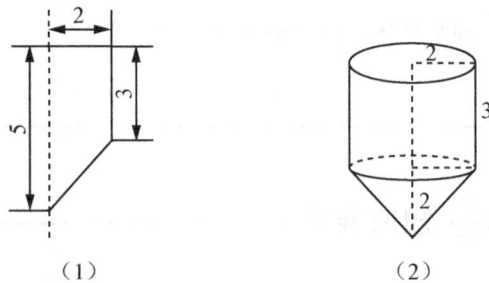

（1）　　　　（2）

图 7-28

解题反思

求几何体的体积要注意：

①简单几何体的体积公式及每一个量代表的意义；

②明确组合体由几部分构成，各部分又分别是什么几何体；

③当按某轴旋转时，先确定并画出这个旋转体，再利用几何体的体积公式求体积。

例 2 如图 7-29，正方体 $ABCD-A_1B_1C_1D_1$ 的边长为 2，求(1)三棱锥 B_1-ABC 的体积；(2)三棱锥 $B-AB_1C$ 的高。

解 $(1)\ S_{\triangle ABC}=\dfrac{1}{2}\mid AB\mid\times\mid BC\mid=\dfrac{1}{2}\times 2\times 2=2$，三棱锥

B_1-ABC 的高 $h=BB_1=2$，故 $V_{B_1-ABC}=\dfrac{1}{3}\times S_{\triangle ABC}\times h=\dfrac{4}{3}$。

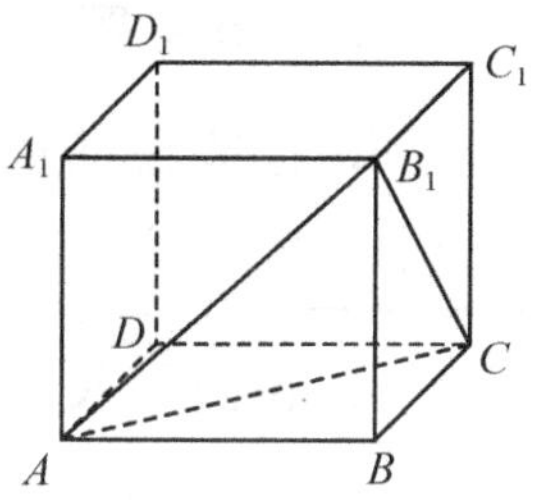

$(2)\triangle AB_1C$ 是边长为 $2\sqrt{2}$ 的等边三角形，

$$S_{\triangle AB_1C}=\dfrac{\sqrt{3}}{4}\times(2\sqrt{2})^2=2\sqrt{3}。$$

图 7-27

设点 B 到平面 AB_1C 的距离为 d，则 $V_{B-AB_1C}=\dfrac{1}{3}\times S_{\triangle AB_1C}\times d=\dfrac{2\sqrt{3}}{3}d$。

由 $V_{B_1-ABC}=V_{B-AB_1C}$ 得 $\dfrac{2\sqrt{3}}{3}d=\dfrac{4}{3}$，解得 $d=\dfrac{2\sqrt{3}}{3}$。

解题反思

(1)求棱锥体积时，要确定好底面和高。

(2)三棱锥中，任意把四个点中其中一个点看作顶点均表示同一个棱锥，不同的顶点对应不同的底面。

(3)利用"等体积法"求高是三棱锥中常见的解题方法，注意掌握。

➔ **训练测评** ———————————————————————————————●

【基础达标训练】

一、选择题

1. 已知一正方体的表面积为 24，则其体积为(   )。

A. 2 B. 4 C. 6 D. 8

2. 正四棱柱的底面边长为 2，高为 4，则该正四棱柱的体积为(   )。

A. 4 B. 8 C. 16 D. 32

3. 已知正四棱锥的高为 3，底边长为 $\sqrt{2}$，则其体积为(   )。

A. $6\sqrt{3}$ B. 2 C. 6 D. $6\sqrt{2}$

4. 已知正四棱锥的侧面积为 $4\sqrt{3}$，其底面边长为 2，则其体积为(   )。

A. $8\sqrt{3}$ B. $4\sqrt{2}$ C. $\dfrac{3\sqrt{3}}{2}$ D. $\dfrac{4\sqrt{2}}{3}$

二、填空题

5. 直棱柱的高为 4，底面是对角线长分别为 6 和 8 的菱形，则该直四棱柱的体积为_____。

6. 底面周长为 8，高为 2 的正四棱柱的体积为_____。

7. 圆锥的底面半径为 2，母线长为 3，则圆锥的体积为_____。

8. 圆锥的侧面展开图是圆心角为 120°，半径为 3 的扇形，则该圆锥的体积为_____。

9. 圆锥的轴截面是腰长为 $\sqrt{10}$ 的等腰直角三角形，则该圆锥的体积为_____。

三、解答题

10. 如图，圆锥形储水装置装满水后，放掉了一部分，求放出的水的体积。

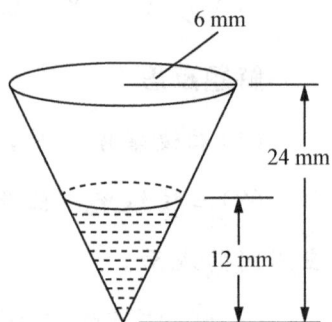

6 mm

24 mm

12 mm

第 10 题图

11. 如图，上、下半径分别为 15 cm 和 20 cm 的圆柱形双层生日蛋糕，上、下两层的高度分别为 10 cm 和 12 cm。现在需要在蛋糕表面(底面除外)涂上奶油。求：

(1)需涂奶油的面积；

(2)未涂奶油时的蛋糕体积。

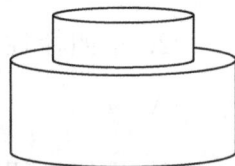

第 11 题图

12. 如图，边长为 2 的正方体 $ABCD-A_1B_1C_1D_1$ 中，M 是 A_1C_1 上的一动点，求证：三棱锥 $M-ABC$ 的体积是定值。

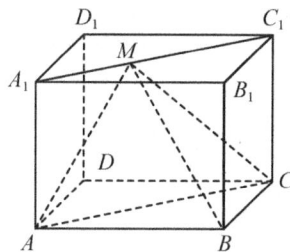

第 12 题图

【能力提高训练】

1. 如图，圆锥的母线长为 $2a$，母线与底面的夹角为 $\dfrac{\pi}{3}$，则该圆锥的体积为_____。

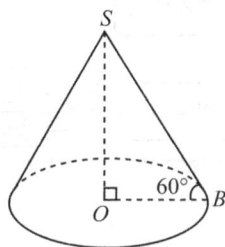

第 1 题图

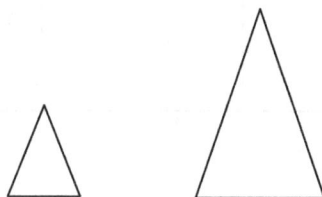

第 2 题图

2. 如图，两个圆锥的轴截面都是等腰三角形，且为相似三角形，它们的面积之比为 1：4，则两圆锥的体积之比为_____。

3. 正四棱锥的底面边长为 a，侧面积是底面面积的 2 倍，求该正四棱锥的体积。

4. 如图，根据下列几何体的三视图，求该几何体的体积。

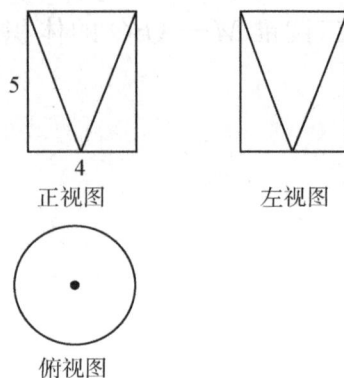

第 4 题图

7.4.2　球的体积

课标要求	知识脉络
了解球的体积公式，会求球的体积	

→ 知识准备

1. 半径为 R 的圆的周长是_____，面积是_____。

2. 半径为 2 的球的表面积为_____。

3. 过球面上任意两点的截面都是_____。

→ 知识要点

知识点一　球的体积公式	
球的体积	$V_{球} = \dfrac{4}{3}\pi R^3$

知识点二　应用	
应用 1	已知球的半径，求球的体积
应用 2	已知球的表面积，求球的体积

➜ **典例精析**

例1 某炼铁厂想将一块边长为 4 的正方体铁块(不考虑损耗)熔化，再用这些材料铸造出两个半径相等的铁球，求这两个铁球的半径。

解 设铁球的半径为 r，则正方体铁块熔化为两个铁球后，形状发生改变，但熔化前与熔化后的体积没有发生变化，故有 $2 \times \dfrac{4}{3}\pi r^3 = 64$，解得 $r = \sqrt[3]{\dfrac{24}{\pi}}$。

解题反思 利用体积相等列方程求参数值是立体几何中常见的求值方法，体现方程思想。

例2 已知球的体积为 36π，求出其内接正方体的体积。

解 球内接正方体的体对角线经过球心，故球体的直径为正方体的体对角线长，由 $\dfrac{4}{3}\pi R^3 = 36\pi$ 得 $R = 3$。设正方体的棱长为 a，则 $\sqrt{3}a = 6$，所以 $a = 2\sqrt{3}$，所以正方体的体积 $V = a^3 = 24\sqrt{3}$。

解题反思 分析两个不同形状的几何体的关系时，一定抓住它们之间的等量关系，再进行转换，体现数学中的转换思想。

➜ **训练测评**

【基础达标训练】

一、选择题

1. 若球的半径为 $\sqrt{3}$，则球的体积为（　　）。

A. 4π　　　　　　B. $4\sqrt{3}\pi$　　　　　　C. 8π　　　　　　D. $12\sqrt{3}\pi$

2. 三个球的半径之比是 $1:2:3$，那么它们的体积之比为（　　）。

A. $1:2:3$　　　　B. $1:4:9$　　　　C. $1:8:27$　　　　D. 无法确定

3. 棱长为 1 的正方体的内切球的体积为（　　）。

A. π　　　　　　B. 2π　　　　　　C. 3π　　　　　　D. 4π

二、填空题

4. 半径为 3 cm 的球的体积为_____。

5. 棱长为 1 的正方体的外接球的体积为_____。

三、解答题

6. 冰面上有一球形垃圾冻住了，将其拔出后，测得坑洼的表面是半径为 3 的圆形，坑洼部分的高度为 1，试求出球形物体的体积。

【能力提高训练】

1. 两球的体积之和是 12π，它们的大圆周长之和是 6π，则两球的半径之差是（　　）。

A. 1　　　　　　B. 2　　　　　　C. 3　　　　　　D. 4

2. 一个圆柱的底面直径和高都与同一个球的直径相等，则圆柱与球的体积之比为（　　）。

A. 1∶3　　　　　B. 3∶2　　　　　C. 1∶2　　　　　D. 2∶9

3. 已知球的半径变为原来的 2 倍，则体积变为原来的_____倍。

4. 如图，如果一个球的外切圆锥的高是这个球的半径的 3 倍，则圆锥的体积和球的体积之比为_____。

5. 著名的"圆柱容球"，已知圆柱的表面积与球的表面积之比为 3∶2，设球的半径为 R，证明：圆柱的体积和球的体积之比也是 3∶2。

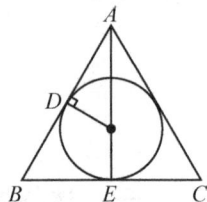

第 4 题图

→ **单元复习**

【知识网络图】

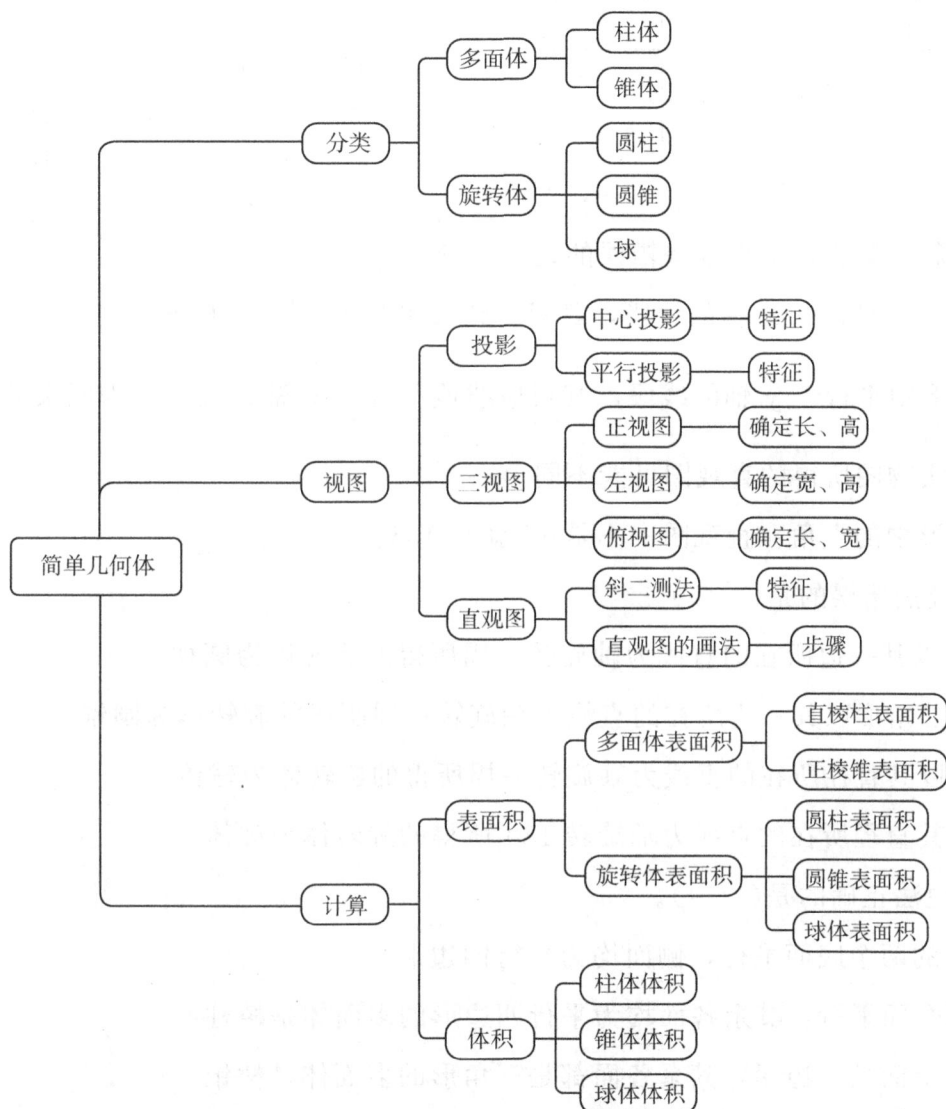

【单元综合训练】

一、选择题

1. 下列说法正确的是（　　）。

A. 只有棱柱、棱锥才是多面体　　　　　B. 只有圆柱、圆锥才是旋转体

C. 多面体所有的面都是平面图形　　　　D. 旋转体所有的面都不是平面图形

2．一个几何体的正视图和俯视图都是矩形，则这个几何体（　　　）。

A．一定是长方体　　B．一定是棱柱　　　C．可能是圆锥　　　D．可能是圆柱

3．下图中不能围成正方体的是（　　　）。

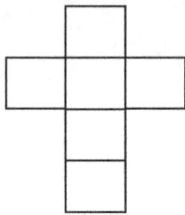　　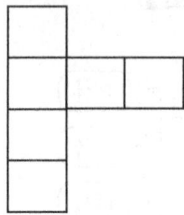　　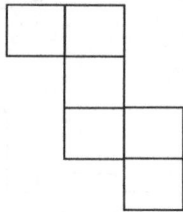　　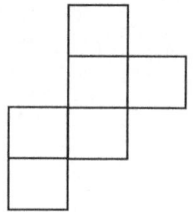

A.　　　　　　　　　B.　　　　　　　　　　C.　　　　　　　　　D.

4．关于斜二测法，下列说法错误的是（　　　）。

A．原图形中平行于 x 轴的线段，其对应线段平行于 x' 轴，长度不变

B．原图形中平行于 y 轴的线段，其对应线段平行于 y' 轴，长度变为原来的 $\dfrac{1}{2}$

C．同一实物图所得的直观图可能不同

D．原图形中的直角在直观图中不是 45°就是 135°

5．下列说法错误的是（　　　）。

A．矩形以其一边所在的直线为轴旋转一周所得的旋转体为圆柱

B．直角三角形以其一边所在的直线为轴旋转一周所得的旋转体为圆锥

C．半圆以其直径所在的直线为轴旋转一周所得的旋转体为球体

D．圆以其直径所在的直线为轴旋转 180°所得的旋转体为球体

6．下列说法正确的是（　　　）。

A．棱柱的两个底面平行，侧面均为平行四边形

B．有两个面平行，其余各面均为平行四边形的多面体是棱柱

C．有一个面是多边形，其余各面都是三角形的多面体是棱锥

D．用一个平面去截一个球，如果角度合适，可以截得一个椭圆

7．正方体 $ABCD-A_1B_1C_1D_1$ 中，$\angle AB_1C$ 的度数为（　　　）。

A．30°　　　　　　B．45°　　　　　　C．60°　　　　　　D．90°

8．有两幅中国地图的比例尺分别为 1：20 000 000 和 1：40 000 000，则这两幅地图的面积比为（　　　）。

A．1：1　　　　　　B．2：1　　　　　　C．4：1　　　　　　D．8：1

9. 如图，$\triangle ABC$ 用斜二测法画出的直观图是边长为 2 的等边三角形 $A'B'C'$，其中 $A'B' /\!/ x'$ 轴，则 $\triangle ABC$ 的面积为（　　）。

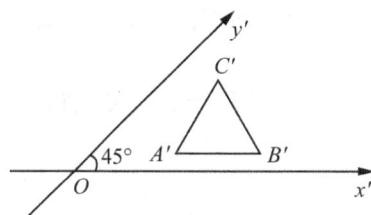

第 9 题图

A．$2\sqrt{6}$　　　　　B．$\sqrt{6}$

C．$\sqrt{3}$　　　　　D．都不对

10. 一个正方体的内切球与外接球的体积比为（　　）。

A．$1 : \sqrt{3}$　　　B．$1 : 3\sqrt{3}$　　　C．$1 : 3$　　　D．$1 : 9$

二、填空题

11. 正三棱锥的所有棱长均为 2，则它的表面积为＿＿＿＿＿。

12. 已知正四棱锥的高为 3，底面边长为 $\sqrt{2}$，则该棱锥的体积为＿＿＿＿＿。

13. 棱长为 a 的正方体 $ABCD-A_1B_1C_1D_1$ 中，一只蚂蚁从点 A 经过正方体的表面爬到 C_1 的最短路程为＿＿＿＿＿。

14. 球的截面圆的直径为 2，圆心到球心的距离为 1，则球的体积为＿＿＿＿＿。

15. 长、宽分别为 4 和 2 的矩形，恰好围成一个圆柱的侧面，则该圆柱的体积为＿＿＿＿＿。

三、解答题

16. 如图，正方体 $ABCD-A_1B_1C_1D_1$ 的棱长为 1，求三棱锥 A_1-BC_1D 的体积。

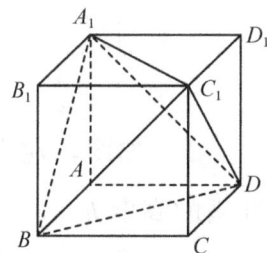

第 16 题图

17. 画出如图所示几何体的三视图。

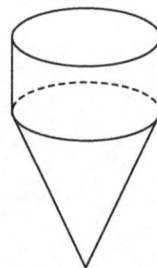

第 17 题图

18. 如图，AD 为圆柱 OO' 的母线，AB 为底面圆 O 的直径，点 C 在圆 O 上，且 $BC=AC=\dfrac{1}{2}AD=1$. 求三棱锥 $D-ABC$ 的体积及圆柱 OO' 的侧面积。

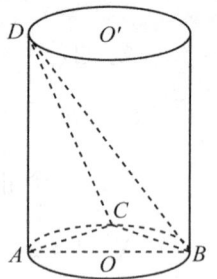

第 18 题图

19. 一个圆锥的三视图如图所示，试求该圆锥的侧面积和体积。

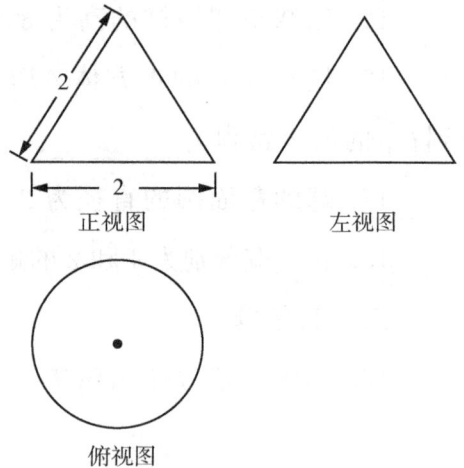

正视图　　左视图

俯视图

第 19 题图

20. 如图，左边高脚杯满杯的红酒全部倒入右边圆锥形高脚杯中后，求圆锥形高脚杯中红酒的高度 h。

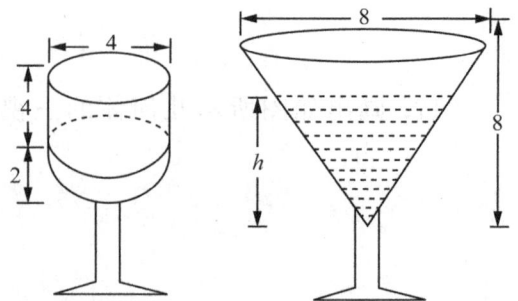

第 20 题图

第八单元

概率与统计初步

8.1 随机事件与概率

课标要求	知识脉络
1. 理解随机现象、随机事件及有关概念。 2. 了解事件的频率与概率的区别与联系	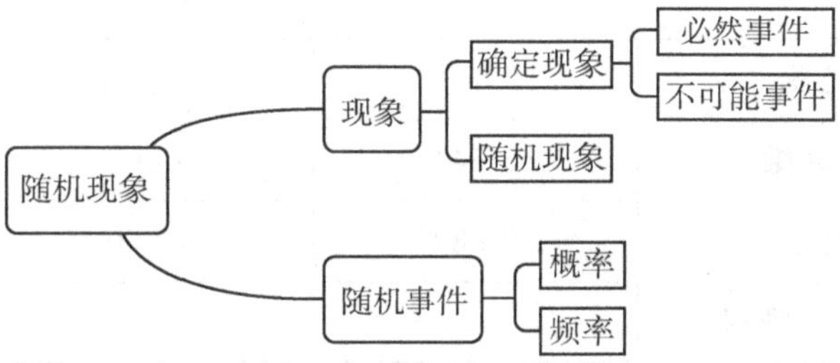

➔ 知识准备

在一定条件下，必然发生的事件，叫作_____；

在一定条件下，不可能发生的事件，叫作_____；

在一定条件下，可能发生也可能不发生的事件，叫作_____。

➔ 知识要点

知识点一　随机事件与概率	
随机事件的概念	可重复进行的、结果有多种且具体结果不可预知的试验称为随机试验，简称试验，随机试验的结果称为随机事件，简称事件，常用大写字母 A，B，C 等表示。 在大量的重复试验(观察)下，结果呈现出某种规律性，这类现象我们称为随机现象
必然事件的概念	我们把每次试验中必然会发生的事件叫作必然事件
不可能事件的概念	每次试验中都不可能发生的事件叫作不可能事件
频率的概念	在相同的条件下，进行 n 次试验，如果事件 A 发生了 m 次，则称 m 为事件 A 发生的频数，我们称比值 m/n 为事件 A 发生的频率
概率的概念	在相同条件下，大量重复地进行同一试验时，随着试验次数的增加，事件 A 发生的频率总是在一个常数附近摆动，即事件 A 发生的频率呈现出稳定性，我们就把这个常数叫作事件 A 发生的概率，记作 $P(A)$

续表

知识点二 应用	
应用 1	能分清随机事件、必然事件、不可能事件
应用 2	能通过频率估算概率
应用 3	理解概率在实际生活中的意义

⊙ **典例精析**

例 1　一个地区从某年起几年之内的新生儿数及其中男婴数如表 8-1。

表 8-1

时间范围	1 年内	2 年内	3 年内	4 年内
新生婴儿数	5 544	9 607	13 520	17 190
男婴数	2 883	4 970	6 994	8 892
男婴出生的频率				

(1)填写表中男婴出生的频率(结果保留到小数点后第 3 位)。

(2)这一地区男婴出生的概率约是多少?

分析:事件 A 出现的频数 m_A 与试验次数 n 的比值即为事件 A 的频率,当事件 A 发生的频率 $\dfrac{m}{n}$ 稳定在某个常数上时,这个常数即为事件 A 的概率。

解　(1)表中依次填入的数据为 0.520,0.517,0.517,0.517。

(2)由于表中的已知数据的各个频率均稳定在常数 0.518 上下,所以这一地区男婴出生的概率约是 0.518。

解题反思　概率实际上是频率的科学抽象,求某事件的概率可以通过求该事件的频率而得。

例 2　从一副扑克牌中任意抽出一张,则下列事件中可能性最大的是(　　)。

A. 抽出一张红桃　　　　　　　　B. 抽出一张红桃 K

C. 抽出一张 J　　　　　　　　　D. 抽出一张不是 Q 的牌

解析　抽出一张红桃的概率为 $\dfrac{13}{52}=\dfrac{1}{4}$,抽出一张红桃 K 的概率为 $\dfrac{1}{52}$,抽出一张 J 的概率为 $\dfrac{4}{52}=\dfrac{1}{13}$,抽出一张不是 Q 的牌的概率为 $1-\dfrac{4}{52}=\dfrac{12}{13}$. 显然 $\dfrac{12}{13}$ 最大,故选 D。

→ 训练测评

【基础达标训练】

一、选择题

1. 下列事件中，是必然事件的是（　　　）。

A. 早晨初升的太阳一定在东边　　　　B. 中秋节的晚上一定能看到月亮

C. 打开电视机正在播少儿节目　　　　D. 小红今年 14 岁了，她一定是初中生

2. 一个鸡蛋在没有任何防护的情况下，从六层楼的阳台上掉下来砸在水泥地面上没摔破，这个事件（　　　）。

A. 可能性很小　　　B. 绝对不可能　　　C. 有可能　　　D. 不太可能

3. 某品牌电插座抽样检查的合格率为 99%，则下列说法正确的是（　　　）。

A. 购买 100 个该品牌的电插座，一定有 99 个合格

B. 购买 1 000 个该品牌的电插座，一定有 10 个不合格

C. 购买 20 个该品牌的电插座，一定都合格

D. 即使购买 1 个该品牌的电插座，也可能不合格

4. 一个口袋中装有形状相同的红球和白球各 1 个，"从中任意摸 1 个球得到白球"，这个事件（　　　）。

A. 是必然事件　　　B. 是随机事件　　　C. 是不可能事件　　　D. 不能确定是哪一类

5. 某校男生中，若随机抽取若干名同学做"是否喜欢足球"的问卷调查，抽到喜欢足球的同学的概率是 $\frac{3}{5}$，这个 $\frac{3}{5}$ 的含义是（　　　）。

A. 只发出 5 份调查问卷，其中三份是喜欢足球的答卷

B. 在答卷中，喜欢足球的答卷与总问卷的数量比为 3∶8

C. 在答卷中，喜欢足球的答卷数量占总答卷数量的 $\frac{3}{5}$

D. 在答卷中，每抽出 100 份答卷，恰有 60 份答卷是不喜欢足球

二、填空题

6. 同时抛掷两枚骰子，点数之和在 2～12 点间的事件是＿＿＿＿事件，点数之和小于 2 或大于 12 的事件为＿＿＿＿事件，点数之差为 6 的事件为＿＿＿＿事件。

7. 已知地球表面陆地面积与海洋面积的比值为 3:7。如果宇宙中飞来一块陨石落在地球上，则"落在海洋里"与"落在陆地上"可能性更大的是＿＿＿＿＿＿＿＿＿＿＿＿。

【能力提高训练】

1. 下列说法中不正确的说法有(　　　)。

①既然抛掷硬币出现正面的概率是 0.5，那么连续两次抛掷一枚质地均匀的硬币，一定是一次正面朝上，一次反面朝上。

②如果某种彩票中奖概率是 $\frac{1}{10}$，那么买 1 000 张这种彩票一定能中奖。

③在乒乓球、排球比赛中，裁判通过让运动员猜上抛均匀塑料圆板着地是正面还是反面来决定哪一方先发球，这样做不公平。

④一个骰子掷一次得到 2 的概率是 $\frac{1}{6}$，这说明一个骰子掷 6 次会出现一次 2。

A. 1 个　　　　　　B. 2 个　　　　　　C. 3 个　　　　　　D. 4 个

2. 下列说法正确的是(　　　)。

A. 可能性很小的事件在一次试验中一定不会发生

B. 可能性很小的事件在一次试验中一定发生

C. 可能性很小的事件在一次试验中有可能发生

D. 不可能事件在一次试验中也可能发生

3. 判断下列事件哪些是必然事件，哪些是不可能事件，哪些是随机事件。

(1)从 1，3，5，9 中任选两数相加，其和为偶数。

(2)在标准大气压下且温度低于 0℃时，冰融化。

(3)某人射击一次，中靶。

(4)如果 $a>b$，那么 $a-b>0$。

(5)掷一枚硬币，出现正面。

(6)若集合 A，B，C 满足 $A\subseteq B$，$B\subseteq C$，则 $A\subseteq C$。

(7)从分别标有号数 1，2，3，4，5 的 5 张标签中任取一张，得到 4 号签。

(8)某电话机在 1 min 内收到 2 次呼叫。

(9)没有水分，种子能发芽。

(10)已知数列 $\{a_n\}$ 是单调递增数列，事件"$a_{2\,008}>a_{2\,009}$"；

必然事件为＿＿＿＿＿＿；随机事件为＿＿＿＿＿＿；不可能事件为＿＿＿＿＿＿。

4. 某射手在同一条件下进行射击，结果如表 8-2 所示。

表 8-2

射击次数 n	10	20	50	100	200	500
击中靶心次数 m	8	19	44	92	178	455
击中靶心的频率 $\dfrac{m}{n}$						

（1）填写表中击中靶心的频率。

（2）这个射手射击一次，击中靶心的概率约是＿＿＿＿。

8.2 古典概型

课标要求	知识脉络
理解古典概型；初步掌握古典概型的计算方法	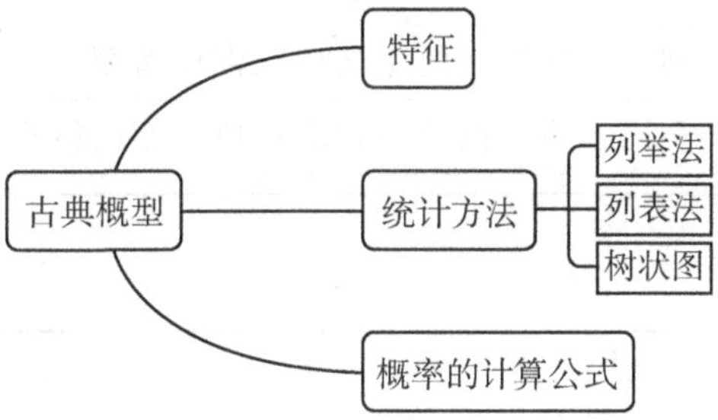 古典概型——特征 古典概型——统计方法——列举法、列表法、树状图 古典概型——概率的计算公式

➔ 知识准备

基本事件：在概率计算中，每一种可能的出现情况称为一个"基本事件"。

基本事件具备以下特点：

（1）任何两个基本事件不能同时发生；

（2）任何事件（除不可能事件外）都可以由若干个基本事件组成。

知识要点

知识点一 古典概型	
古典概型的概念	我们把具有有限性和等可能性两个特征的试验称为古典概型试验,其数学模型称为古典概率模型,简称古典概型
古典概型的特点	(1)有限性:在一次试验中,可能出现的结果只有有限个,即基本事件的总数是有限的 (2)等可能性:每个基本事件发生的可能性是相等的

知识点二 概率

一般地,对于古典概型,我们用某一事件所包含的基本事件的个数与全部基本事件总数的比,来表示该事件发生的概率. 如果基本事件总数为 n,而事件 A 包含 m 个基本事件,则事件 A 发生的概率为:

$$P(A)=\frac{m}{n}=\frac{A\text{ 包含的基本事件的个数}}{\text{基本事件的总数}}\ (m\leqslant n)$$

知识点三 应用

应用 1	利用古典概型的定义认识古典概型
应用 2	利用古典概型的公式求古典概型的概率

典例精析

例 1 在英语句子"Wish you success"中任选一个字母,这个字母为"s"的概率是( )。

A. $\frac{1}{4}$ B. $\frac{4}{11}$ C. $\frac{2}{7}$ D. $\frac{3}{7}$

解析 任选一个字母共有 14 种情况,其中选字母"s"的情况有 4 种,故选 C。

例 2 从字母 a,b,c,d 中任意取出两个不同字母的试验中,有哪些基本事件?其中,事件"取到字母 a"是由哪些基本事件组成的?事件"取到字母 a"的概率 p 是多少?

分析:本题是一个一步试验,故可以直接列举出所有基本事件。

解 所求的基本事件有 6 个,$A=\{a,b\}$,$B=\{a,c\}$,$C=\{a,d\}$,$D=\{b,c\}$,$E=\{b,d\}$,$F=\{c,d\}$。

"取到字母 a"是由基本事件 A,B,C 组成的。

事件"取到字母 a"的概率 $p=\frac{3}{6}=\frac{1}{2}$。

解题反思

(1)古典概型是一种最基本的概型,也是学习其他概型的基础,这也是我们在学习、生活中经常遇到的概率问题。解题时要紧紧抓住古典概型的两个基本特征，即有限性和等可能性。

在应用公式 $P(A)=\dfrac{m}{n}$ 时，关键是正确理解基本事件与事件 A 的关系，从而求出 n，m。

（2）求某个随机事件 A 包含的基本事件的个数，且试验中基本事件的总数不多时，常用的方法是列举法，注意做到不重不漏。

例3 为活跃联欢晚会的气氛，组织者设计了以下转盘游戏：如图 8-1，A，B 两个带指针的转盘分别被分成三个面积相等的扇形，转盘 A 上的数字分别是 1，6，8，转盘 B 上的数字分别是 4，5，7（两个转盘除表面数字不同外，其他完全相同）。每次选择 2 名同学分别拨动 A，B 两个转盘上的指针，使之产生旋转，指针停止后所指数字较大的一方为获胜者，负者则表演一个节目（若箭头恰好停留在分界线上，则重转一次）。作为游戏者，你会选择哪个装置呢？请说明理由。

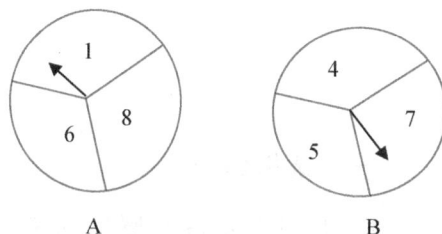

图 8-1

解 解法一：利用表格分析（见表 8-3）。

表 8-3

A\B	4	5	7
1	(1，4)	(1，5)	(1，7)
6	(6，4)	(6，5)	(6，7)
8	(8，4)	(8，5)	(8，7)

从表中可以发现：A 盘数字大于 B 盘数字的结果共有 5 种。

所以 $P(A$ 盘数较大$)=\dfrac{5}{9}$，$P(B$ 盘数较大$)=\dfrac{4}{9}$。

所以 $P(A$ 盘数较大$)>P(B$ 盘数较大$)$，

所以选择 A 装置的获胜可能性较大。

解法二：利用树状图分析（图 8-2）。

由图 8-2 知，可能的结果为 (1，4)，(1，5)，(1，7)，(6，4)，(6，5)，(6，7)，(8，4)，(8，5)，(8，7)。

后面的解题过程同解法一。

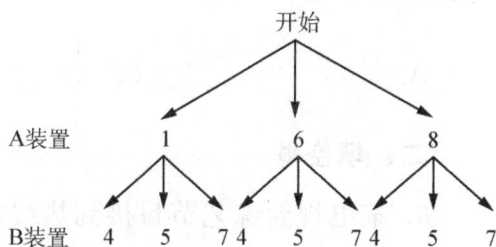

图 8-2

解题反思

古典概型问题涉及的情境较多，但都必须紧扣古典概型的定义，进而用公式进行计算。列举法是求解古典概型问题的常用方法，借助图表等有时更直观、实用、有效。

训练测评

【基础达标训练】

一、选择题

1. 下列不是古典概型的是（   ）。

A. 从 6 名学生中，选出 4 人参加数学竞赛，每人被选中的可能性的大小

B. 同时掷两颗质地均匀的骰子，点数和为 7 的概率

C. 从所有整数中任取一个数的试验中"抽取一个整数"

D. 10 个人站成一排，其中甲、乙相邻的概率

2. 某校高一年级要组建数学、计算机、航空模型 3 个兴趣小组。某学生只能选报其中的 2 个，则基本事件共有（   ）。

A. 1 个   B. 2 个   C. 3 个   D. 4 个

3. 有 10 件产品，其中有两件次品。现从中任取 1 件，则取到次品的概率为（   ）。

A. $\dfrac{1}{2}$ B. $\dfrac{1}{10}$ C. $\dfrac{1}{5}$ D. $\dfrac{1}{12}$

4. 从 1，2，3，4，5 这 5 个数字中，取出一个奇数的概率是（   ）。

A. $\dfrac{1}{5}$ B. $\dfrac{2}{5}$ C. $\dfrac{3}{5}$ D. $\dfrac{4}{5}$

5. 掷一枚质地均匀的骰子，骰子的表面分别刻有 1 到 6 的点数，掷得面朝上的点数为偶数的概率为（   ）。

A. $\dfrac{1}{6}$ B. $\dfrac{1}{3}$ C. $\dfrac{1}{4}$ D. $\dfrac{1}{2}$

二、填空题

6. 某电视台综艺节目接到热线电话 400 个，现从中抽取"幸运观众"4 名，小慧打通了一次热线电话，那么她成为"幸运观众"的概率为_____。

7. 某位同学的银行卡密码为 6 位，他忘记了最后一位数字，请问他第一次取款就按对

密码的概率为＿＿＿＿＿＿＿＿。

三、解答题

8. 一个口袋内装有大小相等的 1 个白球和编有 1，2，3 号码的 3 个黑球，从中摸出 2 个球。

（1）列出试验的所有基本事件。

（2）事件"摸出 2 个黑球"包含多少个基本事件？

（3）摸出 2 个黑球的概率是多少？

【能力提高训练】

1. 在一只口袋中装入若干个质地、大小都完全相同的球，要使从袋中摸到红球的概率为 $\frac{1}{5}$，四名学生分别采用了下列方法装球。你认为其中装法不对的是（　　　）。

A. 口袋中装入 10 个小球，其中只有两个红球

B. 装入 1 个红球、1 个白球、1 个黄球、1 个蓝球、1 个黑球

C. 装入红球 5 个、白球 13 个、黑球 2 个

D. 装入红球 7 个、白球 13 个、黑球 2 个、黄球 13 个

2. 甲、乙、丙三名学生站成一排，甲站在中间的概率是（　　　）。

A. $\frac{1}{6}$　　　　　B. $\frac{1}{2}$　　　　　C. $\frac{1}{3}$　　　　　D. $\frac{2}{3}$

3. 集合 $A=\{2，3\}$，$B=\{1，2，3\}$，从 A，B 中各任意取一个数，则这两数之和等于 4 的概率是（　　　）。

A. $\frac{2}{3}$　　　　　B. $\frac{1}{2}$　　　　　C. $\frac{1}{3}$　　　　　D. $\frac{1}{6}$

4. 从甲、乙、丙 3 人中任选 2 人当代表，则甲被选中的概率为（　　）。

A. $\dfrac{1}{2}$　　　　　　B. $\dfrac{1}{3}$　　　　　　C. $\dfrac{2}{3}$　　　　　　D. 1

5. 用 1，2，3 组成无重复数字的三位数，这些数能被 2 整除的概率是＿＿＿＿＿＿。

6. 从 3 名男生和若干名女生中选出 1 名学生去参加学校组织的演讲比赛，选出的学生是女生的概率为 $\dfrac{2}{3}$，则女生有＿＿＿＿＿＿名。

7. 复工复学后，为防控新型冠状肺炎病毒，学生进校园必须戴口罩、测体温。某校开通了两种不同类型的测温通道共 3 条，分别为：红外线热成像测温（A 通道）和人工测温（B 通道、C 通道）。在这三条通道中，每位同学都可以随机选择一条通过，周五有甲、乙两位同学进校园。

（1）求甲同学进校园时，从人工测温通道通过的概率。

（2）请用列表或画树状图的方法求甲、乙两位同学从不同类型测温通道通过的概率。

8.3　概率的简单性质

课标要求	知识脉络
1. 了解互斥事件的概念。 2. 初步掌握互斥事件的加法公式	

➔ 知识要点

知识点 概率的简单性质	
互斥事件的概念	在一次试验中不可能同时发生的两个事件叫作互斥事件
"事件 A 与事件 B 的和"的概念	"事件 A 与 B 至少有一个发生"的事件称为事件 A 与 B 的和，记作 $A+B$
互斥事件的概率加法公式	如果 A，B 是互斥事件，则事件 $A+B$ 发生的概率为 $P(A+B)=P(A)+P(B)$
概率加法公式的推广	一般地，如果事件两两互斥，那么事件"$A_1+A_2+\cdots+A_n$"发生的概率，等于这 n 个事件分别发生的概率之和，即 $$P(A_1+A_2+\cdots+A_n)=P(A_1)+P(A_2)+\cdots+P(A_n)$$
对立事件的概念	在一次试验中，两个事件中必有一个发生的互斥事件，叫作对立事件。事件 A 的对立事件记作 $P(\overline{A})$
特别地	如果事件 A 与事件 B 是对立事件，则 $A+B$ 是一个必然事件。 $$P(A)+P(B)=1 \xleftrightarrow{\text{恒等变形}} P(B)=1-P(A)$$

➔ 典例精析

例 1 从装有 2 个红球和 2 个黑球的口袋内任取 2 个球，那么互斥而不对立的两个事件是（ ）。

A. 至少有一个黑球与都是黑球 B. 至多有一个黑球与都是黑球

C. 至少有一个黑球与至少有 1 个红球 D. 恰有 1 个黑球与恰有 2 个黑球

解析 由互斥、对立事件的定义知 A，C 中两对事件均不互斥，B 中的两个事件是对立事件，D 中的两个事件只互斥而不对立。故选 D。

解题反思 要判断两个事件是互斥事件还是对立事件，需找出两个事件包含的所有结果，分析它们之间能不能同时发生。在互斥的前提下，看两事件是否非此即彼，一个不发生必有另一个发生，进而可判断是否为对立事件。注意：对立事件是互斥事件的特例。

例 2 一个袋子中有红球 5 个、黑球 4 个，现从中任取 5 个球，则至少有 1 个红球的概率为_____。

解析 "从中任取 5 个球，至少有 1 个红球"是必然事件，必然事件发生的概率为 1。

→ **训练测评** ————————————————————————————————●

【基础达标训练】

一、选择题

1. 打靶 3 次，事件 $A_i=$ "击中 i 发"，其中 $i=0$，1，2，3，那么 $A_1+A_2+A_3$ 表示（   ）。

    A. 全部击中   B. 至少击中 1 发   C. 至少击中 2 发   D. 全部未击中

2. 某人打靶时连续射击两次，下列事件中与事件"至少一次中靶"互为对立事件的是（   ）。

    A. 至多一次中靶   B. 两次都中靶   C. 只有一次中靶   D. 两次都没中靶

3. 从装有两个红球和两个黑球的口袋内任取两个球，那么互斥而不对立的事件是（   ）。

    A. 至少有一个黑球与都是黑球   B. 恰好有一个黑球与都是红球

    C. 至少有一个黑球与都是红球   D. 恰好有两个黑球与至少一个红球

4. 现有语文、数学、英语、物理和化学课本共 5 本书，从中任取 1 本，取出的是理科课本(数学、物理、化学)的概率为（   ）。

    A. $\dfrac{1}{5}$ B. $\dfrac{2}{5}$ C. $\dfrac{3}{5}$ D. $\dfrac{4}{5}$

5. 某产品分为甲、乙、丙三个等级，其中乙、丙两级均属次品。若生产中出现乙级品的概率为 0.03，出现丙级品的概率为 0.01，则对产品抽查一次抽得正品的概率是（   ）。

    A. 0.09   B. 0.98   C. 0.97   D. 0.96

二、填空题

6. 若 A，B 为互斥事件，$P(A)=0.4$，$P(A+B)=0.7$，则 $P(B)=$ _____。

7. 中国乒乓球队共有甲、乙两名队员参加奥运会乒乓球女子单打比赛，若甲夺得冠军的概率为 $\dfrac{3}{7}$，乙夺得冠军的概率为 $\dfrac{1}{4}$，那么中国队夺得乒乓球女子单打冠军的概率为_____。

8. 在大小相同的 5 个球中，只有红色和白色两种球。若从中任取 2 个，全是白球的概率为 0.3，则取出的 2 个球中至少有 1 个红球的概率为_____。

三、解答题

9. 某业务员出差去开会，他乘坐火车、轮船、汽车、飞机去的概率分别是 0.3，0.2，0.1，0.4。求：

(1)他乘坐火车或飞机去的概率；

(2)他不乘坐轮船去的概率；

(3)如果他乘坐某些交通工具去的概率为 0.5，请问这些交通工具可能是哪几种？

【能力提高训练】

1. 袋中有 12 个小球，分别为红球、黑球、黄球、绿球，从中任取一球，得到红球的概率为 $\frac{1}{3}$，得到黑球或者黄球的概率为 $\frac{5}{12}$，得到黄球或绿球的概率也为 $\frac{5}{12}$，则得到黄球的概率为（　　）。

A. $\frac{5}{12}$ 　　　　B. $\frac{3}{12}$ 　　　　C. $\frac{1}{6}$ 　　　　D. $\frac{1}{12}$

2. 2022 年，某高校派出甲、乙、丙 3 名男生和 A，B，C 3 名女生共 6 名志愿者参与北京冬奥会志愿者工作。将他们分配到北京、张家口 2 个赛区进行培训，其中 1 名男性志愿者和 1 名女性志愿者去北京赛区，其他都去张家口赛区，则甲和 A 被选去北京赛区培训的概率为（　　）。

A. $\frac{1}{20}$ 　　　　B. $\frac{1}{16}$ 　　　　C. $\frac{2}{9}$ 　　　　D. $\frac{1}{9}$

3. 设 A，B 是两个互斥事件，它们都不发生的概率为 $\frac{2}{5}$，且 $P(A)=2P(B)$，则 $P(\overline{A})=$ _____。

4. 学校射击队的某一选手射击一次，其命中环数的概率如表 8-4。

表 8-4

命中环数	10 环	9 环	8 环	7 环
概率	0.32	0.28	0.18	0.12

求该选手射击一次：

(1)命中 9 环或 10 环的概率；

(2)至少命中 8 环的概率；

(3)命中不足 8 环的概率。

8.4 抽样方法

8.4.1 总体的概念

课标要求	知识脉络
理解总体、个体、样本和样本容量的概念	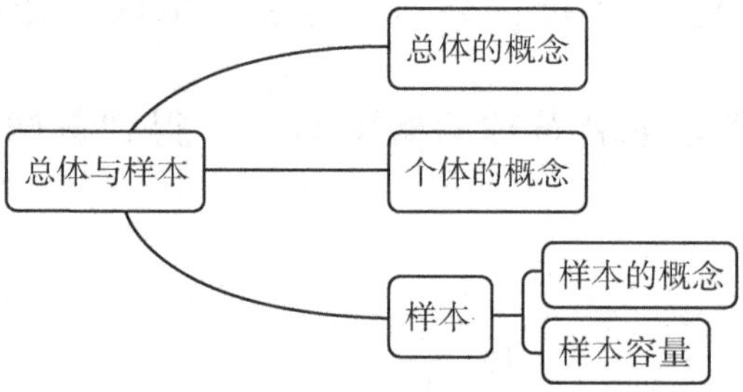 总体与样本 —— 总体的概念、个体的概念、样本（样本的概念、样本容量）

→ 知识要点

知识点 总体及相关概念		
	概念	关键词
总体	统计学中，把所有研究对象的数量指标取值的全体称为总体	研究对象；全体
个体	总体中每一研究对象的数量指标取值叫作个体	每一研究对象
抽样	从总体中抽取一部分个体的过程叫作抽样	部分，过程
样本	被抽取的部分个体叫作总体的一个样本	部分个数
样本容量	样本所含个体的个数叫作样本容量	个数

➔ 典例精析

例1　四川省某市为了掌握高一学生的身高状况，随机抽取 350 名学生测试身高，请指出其中的总体、个体、样本与样本容量。

解　该市所有高一学生的身高数据是总体，每一个高一学生的身高数据是个体，被抽取的 350 名高一学生的身高数据是样本，样本容量是 350。

➔ 训练测评

【基础达标训练】

1. 我校调查高一年级学生的体重情况，随机抽取 100 个高一年级学生进行称重，这 100 个学生的体重是（　　）。

A. 总体　　　　　B. 个体　　　　　C. 样本　　　　　D. 样本容量

2. 为了考查某地区初中毕业生的数学学业水平情况，从中抽查了 200 名考生的学业水平考试数学成绩。在这个问题中，下面说法错误的是（　　）。

A. 总体是被抽查的 200 名考生　　　　B. 个体是每一个考生的数学成绩

C. 样本是 200 名考生的数学成绩　　　　D. 样本容量是 200

3. 为了考查一所学校的学生参加课外体育活动的情况，对其中 40 名学生每天参加课外体育活动的时间进行调查。指出其中的总体、个体、样本与样本容量。

4. 某奶制品厂推出一种新型奶制品，推广人员到某小区调查居民对这种奶制品的认知度，收回有效调查问卷 200 张，指出其中的总体、个体、样本与样本容量。

8.4.2 简单随机抽样

课标要求	知识脉络
1. 正确理解简单随机抽样的概念。 2. 了解简单随机抽样的应用	简单随机抽样 —— 适用条件 简单随机抽样 —— 步骤

⊙ 知识要点

知识点一	抽签法的步骤
第一步	先将总体中的所有个体(共有 N 个)编号,号码可以从 1 到 N
第二步	把号码写在形状、大小相同的号签上(号签可以用纸条、卡片、小球等制作)
第三步	将号签放在同一容器里搅拌均匀
第四步	抽签时,每次从中抽出一个号签,不放回,抽取后再将剩余的搅拌均匀,连续抽取 n 次,这样就得到了一个容量为 n 的样本

注意:采用抽签法,每个个体被抽到的概率相同

知识点二	随机数表法的步骤
第一步	将总体中的所有个体编号
第二步	根据问题的需要,在随机数表中任意选取几列(行),选取的列(行)数与个体编号的位数相同,每列(行)各选一个数,合起来作为开始的号码
第三步	从这个号码数字开始,沿选取的列(行)向上或向下(向左或向右)继续选取数字组成号码,并删除不合格的号码,且重复的号码只保留一个,直到选够号码为止
第四步	按所得的号码抽取样本

注意:(1)采用随机数表法,每个个体被抽到的概率相同。(2)从个体数为 N 的总体中逐个不返回地抽取 n 个个体作为样本($n < N$),每次抽取时总体内各个个体被抽到的概率相同,这样的抽样方法称为简单随机抽样

⊙ 典例精析

例 某车间工人加工一种轴 100 件,为了了解这种轴的直径,要从中抽取 10 件轴在同一条件下测量,如何采用简单随机抽样的方法抽取样本?

分析 简单随机抽样一般采用两种方法:抽签法和随机数表法。

解 解法一(抽签法):将 100 件轴分别编号为 1,2,…,100,并做好大小、形状相同的号签,分别写上这 100 个数,将这些号签放在一起,搅拌均匀,接着连续抽取 10 个号签,

这 10 个号签对应的轴即为所要抽取的样本。

解法二(随机数表法)：将 100 件轴编号为 00，01，…，99，在随机数表中选定一个起始位置，如取第 21 行第 1 个数开始，选取 10 个分别为 68，34，30，13，70，55，74，77，40，44，这 10 件轴即为所要抽取的样本。

解题反思　简单随机抽样必须具备下列特点。

(1)简单随机抽样要求被抽取的样本的总体个数 N 是有限的。

(2)简单随机样本数 n 小于或等于样本总体的个数 N。

(3)简单随机样本是从总体中逐个抽取的。

(4)简单随机抽样是一种不放回的抽样。

(5)简单随机抽样时每个个体被抽中的可能性相同。

➔ 训练测评

【基础达标训练】

1. 下列抽样的方式是否属于简单随机抽样？为什么？

(1)从无限多个个体中抽取 50 个个体作为样本；

(2)箱子里共有 100 个零件，从中选出 10 个零件进行质量检验，在抽样操作中，从中任意取出一个零件进行质量检验后，再把它放回箱子。

2. 关于简单随机抽样的特点，以下说法中不正确的是(　　)。

A. 要求总体中的个体数有限

B. 从总体中随机抽取

C. 这是一种不放回抽样

D. 每个个体被抽到的机会不一样，与先后顺序有关

3. 简单随机抽样的结果(　　)。

A. 完全由抽样方式决定　　　　　　　B. 完全由随机性决定

C. 完全由人为因素决定　　　　　　　D. 完全由计算方法决定

4. 下列抽样试验中,用抽签法更方便的是( )。

A. 从某厂生产的 3 000 件产品中抽取 600 件进行质量检验

B. 从某厂生产的两箱(每箱 15 件)产品中抽取 6 件进行质量检验

C. 从甲、乙两厂生产的两箱(每箱 15 件)产品中抽取 6 件进行质量检验

D. 从某厂生产的 3 000 件产品中抽取 10 件进行质量检验

8.4.3 分层抽样

课标要求	知识脉络
1. 理解分层抽样的概念。 2. 了解分层抽样的应用	分层抽样 — 特征 分层抽样 — 步骤 分层抽样 — 应用

→ 知识要点

知识点一	分层抽样的概念及要求
概念	一般地,若总体是由差异明显的几部分组成的,则为使样本能更充分地反映总体的情况,通常将总体分成互不重叠的几部分,然后按照各部分所占的比例进行抽样,这种方法叫作分层抽样,其中所分的各个部分称为"层"
要求	(1)分层:将相似的个体归为一类,即为一层,分层要求每层的各个个体互不交叉,即遵循不重复、不遗漏的原则。 (2)分层抽样为保证每个个体等可能入样,需遵循在各层中进行简单随机抽样,每层样本数量与每层个体数量的比与这层个体数量与总体容量的比相等

知识点二	分层抽样的步骤
第一步	分层:按某种特征将总体分成若干部分
第二步	按比例确定每层抽取个体的个数
第三步	各层分别按适当的方法抽取
第四步	综合每层抽样,组成样本

说明:(1)分层需遵循不重复、不遗漏的原则。

(2)抽取比例由每层个体占总体的比例确定。

(3)各层抽样按适当的方法进行

典例精析

例 1 如果采用分层抽样，从个体数为 N 的总体中抽取一个容量为 n 的样本，那么每个个体被抽到的可能性为（　　）。

A. $\dfrac{1}{N}$ 　　　　B. $\dfrac{1}{n}$ 　　　　C. $\dfrac{n}{N}$ 　　　　D. $\dfrac{n}{N}$

解析 根据每个个体都等可能入样，所以其可能性为样本容量与总体容量比，故此题选 C。

例 2 某高中共有 900 人，其中高一年级 300 人，高二年级 200 人，高三年级 400 人。现采用分层抽样抽取容量为 45 的样本，那么高一、高二、高三各年级抽取的人数分别为（　　）。

A. 15，5，25 　　B. 15，15，15 　　C. 10，5，30 　　D. 15，10，20

解析 因为 $300：200：400＝3：2：4$，于是将 45 分成 $3：2：4$ 的三部分。设三部分各抽取的个体数分别为 $3x$，$2x$，$4x$，由 $3x＋2x＋4x＝45$，得 $x＝5$，故高一、高二、高三各年级抽取的人数分别为 15，10，20，故选 D。

例 3 一个地区共有 5 个乡镇，3 万人口，其中各乡镇人口比例为 $3：2：5：2：3$。现从 3 万人中抽取一个 300 人的样本，分析某种疾病的发病率，已知这种疾病与不同的地理位置及水土有关，问应采取什么样的抽样方法？请写出具体过程。

解 因为疾病与地理位置和水土均有关系，所以不同乡镇的发病情况差异明显，因而采用分层抽样的方法。具体过程如下。

(1)将 3 万人分为 5 层，其中一个乡镇为一层。

(2)按照样本容量的比例随机抽取各乡镇应抽取的样本。

$300×\dfrac{3}{15}＝60$（人），$300×\dfrac{2}{15}＝40$（人），$300×\dfrac{5}{15}＝100$（人），$300×\dfrac{2}{15}＝40$（人），$300×\dfrac{3}{15}＝60$（人），因此各乡镇抽取人数分别为 60 人、40 人、100 人、40 人、60 人。

(3)将 300 人组到一起，即得到一个样本。

训练测评

【基础达标训练】

1. 某校有 5 000 名学生，其中 O 型血的有 2 000 人，A 型血的人有 1 250 人，B 型血的有

1 250 人，AB 型血的有 500 人，为了研究血型与色弱的关系，要从中抽取一个 20 人的样本，按分层抽样，O 型血应抽取_____人，A 型血应抽取_____人，B 型血应抽取_____人，AB 型血应抽取_____人。

2. 某中学高一年级有学生 600 人，高二年级有学生 450 人，高三年级有学生 750 人。若从该校抽取一个容量为 n 的样本，每个学生被抽到的可能性均为 0.2，则 $n=$_____。

3. 某单位有职工 750 人，其中青年职工 350 人，中年职工 250 人，老年职工 150 人。为了了解该单位职工的健康情况，用分层抽样的方法从中抽取样本。若样本中的青年职工为 7 人，则样本容量为（　　）。

A. 7 　　　　　　B. 15 　　　　　　C. 25 　　　　　　D. 35

4. 对某单位 1 000 名职工进行某项专门调查，调查的项目与职工任职年限有关，人事部门提供了如表 8-5 所示的资料：

表 8-5

任职年限	5 年以下	5 年至 10 年	10 年以上
人数	300	500	200

试利用上述资料设计一个抽样比为 1∶10 的抽样方法。

5. 某中学高一年级有 700 人，高二年级有 600 人，高三年级有 500 人，以每人被抽取的机会为 0.03，从该中学学生中用简单随机抽样的方法抽取一个样本，则样本容量 n 为_____。

6. 某校老年、中年和青年教师的人数见表 8-6，采用分层抽样的方法调查教师的身体状况。在抽取的样本中，青年教师有 320 人，则该样本中的老年教师人数为（　　）。

表 8-6

类别	人数
老年教师	900
中年教师	1 800
青年教师	1 600
合计	4 300

A. 90 　　　　　　B. 100 　　　　　　C. 180 　　　　　　D. 300

8.4.4 系统抽样

课标要求	知识脉络
1. 理解系统抽样的概念。 2. 了解系统抽样的应用	系统抽样 —— 概念 　　　　　—— 步骤

➔ 知识要点

知识点一　系统抽样的概念

概念	一般地，要从容量为 N 的总体中抽取容量为 n 的样本，可将总体分成均衡的若干部分，然后按照预先制定的规则，从每一部分抽取一个个体，得到所需要的样本，这种抽样的方法叫作系统抽样

知识点二　系统抽样的步骤

第一步	采用随机抽样的方法将总体中的 N 个个体编号
第二步	将整体按编号进行分段，确定分段间隔 $k(k \in \mathbf{N})$
第三步	在第一段用简单随机抽样确定起始个体的编号 $L(L \in \mathbf{N}, L \leqslant k)$
第四步	按照一定的规则抽取样本，通常是将起始编号 L 加上间隔 k 得到第 2 个个体编号 $L+k$，再加上 k 得到第 3 个个体编号 $L+2k$，这样继续下去，直到获取整个样本

注意：（1）在确定分段间隔 k 时，应明确分段间隔 k 为整数，当 $\dfrac{N}{n}$ 不是整数时，应采用等可能剔除的方法剔除部分个体，以获得整数间隔 k。

（2）简单随机抽样、系统抽样、分层抽样的比较：

类别	共同点	各自特点	联系	适用范围
简单随机抽样	（1）抽样过程中每个个体被抽到的可能性相等。 （2）每次抽出个体后不再将它放回，即不放回抽样	从总体中逐个抽取		总体人数较少
系统抽样		将总体均分成几部分，按预先制定的规则在各部分抽取	在起始部分抽样时，采用简单随机抽样	总体个数较多
分层抽样		将总体分成几层，分层进行抽取	分层抽样时，采用简单随机抽样或系统抽样	总体由差异明显的几部分组成

典例精析

例1 下列抽样中，不是系统抽样的是（　　）。

A. 从标有 1～15 号的 15 个小球中任选 3 个作为样本，按从小号到大号排序，随机确定起点 i，以后为 $i+5$，$i+10$（超过 15 则从 1 再数起）号入样

B. 工厂生产的产品，用传送带将产品送入包装车间前，检验人员从传送带上每隔 5 min 抽一件产品检验

C. 在商场门口随机抽人进行市场调查，直到调查到事先规定的调查人数为止

D. 电影院调查观众的某一指标，通知每排（每排人数相等）座位号为 14 的观众留下来座谈

解析　C 不是系统抽样。因为事先不知道总体，抽样方法不能保证每个个体按事先规定的概率入样。

解题反思　从系统抽样的步骤可以看出，系统抽样是把一个问题划分成若干部分分块解决，从而把复杂问题简单化，体现了数学的转化思想。

例2　从编号为 1～50 的 50 枚最新研制的某种型号的导弹中随机抽取 5 枚来进行发射试验。若采用每部分选取的号码间隔一样的系统抽样方法，则所选取 5 枚导弹的编号可能是（　　）。

A. 5，10，15，20，25

B. 3，13，23，33，43

C. 1，2，3，4，5

D. 2，4，6，16，32

解析　用系统抽样的方法抽取到的导弹编号应该 L，$L+k$，$L+2k$，$L+3k$，$L+4k$，其中 $k=\dfrac{50}{5}=10$，L 是 1 到 10 中用简单随机抽样方法得到的数，因此只有选项 B 满足要求，故选 B。

训练测评

【基础达标训练】

1. 从 2 005 个编号中抽取 20 个号码入样，采用系统抽样的方法，则抽样的间隔为（　　）。

A. 99　　　　　B. 99.5　　　　　C. 100　　　　　D. 100.5

2. 从学号为 0～50 的高一某班 50 名学生中随机选取 5 名同学参加数学测试，采用系统

抽样的方法，则所选 5 名学生的学号可能是（　　　）。

A. 1，2，3，4，5

B. 5，15，25，35，45

C. 2，4，6，8，10

D. 4，13，22，31，40

3. 某单位有老年人 28 人、中年人 54 人、青年人 81 人。为了调查他们的身体情况，需从他们当中抽取一个容量为 36 的样本，则适合的抽取方法是（　　　）。

A. 简单随机抽样

B. 系统抽样

C. 分层抽样

D. 先从老人中剔除 1 人，然后再分层抽样

4. 某小礼堂有 25 排座位，每排 20 个座位。一次心理学讲座，礼堂中坐满了学生，会后为了了解有关情况，留下座位号是 15 的所有 25 名学生进行测试，这里运用的是_____抽样方法。

【能力提高训练】

1. 某校高中三年级的 295 名学生已经编号为 1，2，…，295。为了了解该年级学生的学习情况，要按 1∶5 的比例抽取一个样本，用系统抽样的方法进行抽取，请写出抽样的过程。

2. 某单位在岗工人为 624 人，为了调查上班时从家到单位平均所用的时间，决定采用系统抽样的方法抽取 10％的工人进行调查，请写出抽样的过程。

8.5 统计图表

8.5.1 频率分布表

课标要求	知识脉络
1. 了解频率分布表数据可视化描述方法。 2. 了解选择适当的统计表对数据进行分析的方法	频率分布表 → 求极差 频率分布表 → 决定组距 频率分布表 → 制作频率分布表

➔ 知识准备

频数分布表

某职业学校为了了解本校学生身体发育情况，对随机抽取的高一年级同龄的 32 名男生进行身高测量，测量结果如下(单位：cm)。

164　167　169　176　179　169　172　168　169　165　174　169　170　172　167　172

169　175　167　161　156　161　170　167　171　168　163　168　174　168　173　159

将数据适当分组，制成频数分布表。

第一步，计算最大值与最小值的差：＿＿＿＿＿＿＿＿。

第二步，决定组距和组数：当组距为 4 时，$\dfrac{23}{4}=5.75$，所以可以分成 6 组。

若组距为 5，计算极差÷组距＝＿＿＿＿＿，可分为＿＿＿＿＿组。

若组距为 6，计算极差÷组距＝＿＿＿＿＿，可分为＿＿＿＿＿组。

……

第三步，列频数分布表如表 8-7(取组距为 4)。

表 8-7

身高 x	$156{\leqslant}x{<}160$	$160{\leqslant}x{<}164$	$164{\leqslant}x{<}168$	$168{\leqslant}x{<}172$	$172{\leqslant}x{<}176$	$176{\leqslant}x{<}180$
频数划记						
频数						

知识要点

知识点一 频率分布表

频率分布表的概念	将一组数据按照数值大小顺序排列，每个值为一类，记录各类数值出现的频数和频率，用这种方法制成的表格就是频率分布表
频率计算方法	$$频率 = \frac{该类数据频数}{样本容量}$$
频率分布表的特点	能准确反映数据的特征

知识点二 应用

应用 1	已知数据，制成频率分布表
应用 2	已知频率分布表部分数据，补充完成剩余的部分

典例精析

例 1 为估计一批手机电池的使用寿命，抽样进行充放电次数测试，统计结果见表 8-8。

表 8-8

寿命/次	450～470	470～490	490～510	510～530	530～550
频数	5	15	40	30	10
频率					

求表中的频率。

解 从表中可知样本容量为 $5+15+40+30+10=100$，故根据公式：$频率 = \dfrac{频数}{总数}$ 求出各组的频率，如表 8-9。

表 8-9

寿命/次	450～470	470～490	490～510	510～530	530～550
频数	5	15	40	30	10
频率	0.05	0.15	0.4	0.3	0.1

解题反思

(1)当样本数据的数值较少时，可以每个值为一类；当样本数据的数值较多时，就应该如本题，进行合理分组。

（2）样本容量＝各组频数之和；频率＝$\dfrac{频数}{样本容量}$。

例2 某芯片代工商为估计一批晶圆成品率，随机抽取了若干片晶圆作为样本，进行芯片测试，其中好芯片占有率的测试结果统计如表8-10。

表 8-10

成品率	88％	90％	91％	91.5％	92％	94％
频数/片	2	5	6	a	2	1
频率	0.1	0.25	0.3	b	0.1	0.05

（1）求 a，b 的值。

（2）用样本估算这批晶圆的成品率。

解 （1）$b=1-(0.1+0.25+0.3+0.1+0.05)=0.2$。

由 $\dfrac{2}{0.1}=\dfrac{a}{0.2}$ 得 $a=4$。

所以 $a=4$，$b=0.2$。

（2）$0.88\times0.1+0.9\times0.25+0.91\times0.3+0.915\times0.2+0.92\times0.1+0.94\times0.05=90.8\%$。

所以估算这批晶圆的成品率为 90.8%。

解题反思

（1）在频率分布表中，所有频率之和为1，这也是检验是否为频率分布表的一个重要指标。

（2）总数（样本容量）、频数、频率这三个量满足关系式：

$$频率=\dfrac{频数}{总数}。$$

其中频率随频数的变化而变化，但总数是一个定值，故在频率分布表中，各小组的频数与频率之比相等。

⊙ 训练测评 ——————————————————————————————

【基础达标训练】

一、选择题

1. 某职业学校有 6 000 名学生，为了了解学生的身高情况，随机抽取 100 学生进行测量，然后将这 100 人的身高数据分成 10 组制成频率分布表，则表中频数之和为（　　　）。

 A．600   B．100   C．10   D．1

 2．从 1 000 个数据中抽取 100 个数据分成 10 组，制成 1 个频率分布表，则表中频率之和为（　　　）。

 A．$\dfrac{1}{1\ 000}$ B．$\dfrac{1}{100}$ C．$\dfrac{1}{10}$ D．1

 3．一个频率分布表中，已知第 5 组的频数为 100，频率为 0.1，则该样本的容量为（　　　）。

 A．1 000   B．500   C．100   D．10

 4．某红旗汽车 4S 店共有 4 辆 H5，6 辆 HS5，5 辆 H7，3 辆 HS7，1 辆 H9。在该 4S 店中，红旗 HS5 出现的频率为（　　　）。

 A．$\dfrac{1}{6}$ B．$\dfrac{1}{5}$ C．$\dfrac{6}{19}$ D．$\dfrac{1}{19}$

 5．一张斯洛克台球桌上有红球 15 个，每球分值 1 分，黄、绿、咖啡、蓝、粉、黑球各 1 个，分值依次为 2 分、3 分、4 分、5 分、6 分、7 分。如果将这一桌的台球按颜色分为 7 组，制成频率分布表，则红球的频率为（　　　）。

 A．$\dfrac{5}{49}$ B．$\dfrac{5}{14}$ C．$\dfrac{5}{7}$ D．$\dfrac{1}{7}$

二、填空题

 6．将一个容量为 50 的样本分成 10 组，第 8 组的频数为 4，则该组的频率为_____。

 7．一农场有 7 只鹅、8 只鸭、9 只鸡、10 只兔，则兔的频率为_____。

 8．"Happy new year"中字母 a 出现的频率为_____。

 9．由工人、农民、教师、学生组成的 100 人中，学生的频率为 0.4，则学生人数为_____。

三、解答题

 10．在某次技能竞赛中，10 名选手得分如下：

$$8\quad 7\quad 8\quad 10\quad 6\quad 8\quad 9\quad 8\quad 7\quad 9$$

请列出频率分布表。

【能力提高训练】

1. 学校运动场附近有一座通信铁塔，建筑专业二年级(1)班的全体同学利用测量工具对该座铁塔进行测量，然后再用三角函数知识计算其高度。计算值与真实值的差的绝对值不超过 5 cm 视为合格。最后经老师评定全班共有 10 名同学不合格。请完成表 8-11。

表 8-11

计算值与真实值的差/cm	[−10，−5)	[−5，0)	[0，5]	(5，10]
频数			20	
频率	0.10			0.15

2. 受新型冠状肺炎疫情影响，2020 年全球经济损失惨重。表 8-12 是 GDP 排名前 16 的国家 2020 年的经济增长率。

表 8-12　　　　　　　　　　　　　　　　　　（数据来源：世界银行）

国家	美国	中国	日本	德国	英国	印度	法国	意大利
GDP 增速	−3.5%	2.3%	−4.8%	−4.9%	−9.9%	−8.1%	−8.3%	−8.9%
国家	加拿大	韩国	俄罗斯	巴西	澳大利亚	西班牙	墨西哥	印尼
GDP 增速	−5.4%	−1.0%	−3.1%	−4.1%	−1.1%	−11.0%	−8.2%	−2.1%

(1)我国是疫情控制最好的国家，也是全球唯一保持正增长的主要经济体。请找出表中的最大值和最小值，并算出极差。

(2)将以上数据分为 5 组，列出频率分布表。

(3)用每组数据的中间值(如−11.0%，−8.0%的中间值为−9.5%)来估计，试估算这 16 个国家 2020 年 GDP 的平均增速。

8.5.2　频率直方图

课标要求	知识脉络
1. 了解频率直方图数据可视化描述方法。 2. 了解选择适当的统计图对数据进行分析的方法	频率分布直方图 —— 列频率分布表 画频率分布直方图 —— 横半轴 —— 基本数据　纵半轴 —— 频率

知识准备

1. 回顾制作频率分布表的一般步骤。

第一步：＿＿＿＿＿＿＿＿＿＿＿；

第二步：＿＿＿＿＿＿＿＿＿＿＿；

第三步：＿＿＿＿＿＿＿＿＿＿＿。

2. 回顾初中学习的条形统计图。

例：如图 8-3 是某户居民全年支出的统计图。

根据统计图，回答下列问题：

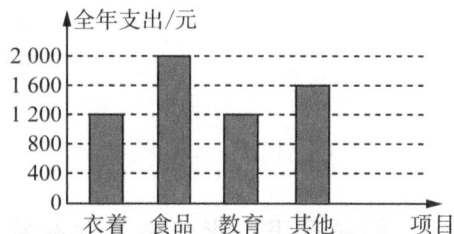

(1)计算该居民全年总支出为＿＿＿＿＿＿＿元；

(2)其中支出最高的是＿＿＿＿＿＿＿；

(3)教育支出占总支出的百分比为＿＿＿＿＿＿＿＿＿。

图 8-3

知识要点

知识点一　频率直方图	
频率直方图的概念	在平面直角坐标系中，用横半轴表示基本数据，用纵半轴表示频率，得出的频率分布图叫作频率直方图
步骤	(1)列出频率分布表。 (2)根据频率分布表，作频率直方图
频率直方图的特征	能直观地反映数据整体的频率分布

知识点二　应用	
应用1	根据样本数据作出频率直方图
应用2	根据频率直方图得出数据特征

➔ **典例精析** ───

例 1 疫情期间，某小组 20 名工人疫苗接种情况如下（单位：剂）：

2 2 3 2 1 3 0 2 2 1 0 1 3 2 1 3 3 2 3 2

请作出其频率直方图。

解 首先列出频率分布表如表 8-13。

表 8-13

疫苗接种/剂	0	1	2	3
频数	2	4	8	6
频率	0.1	0.2	0.4	0.3

作出其频率直方图如图 8-4 所示。

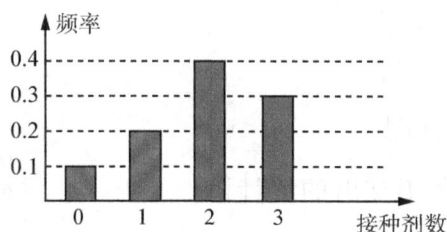

图 8-4

解题反思 求频率直方图的一般步骤。

第一步：对数据进行整理：排序⇒求极差⇒统计频数⇒计算频率。

第二步：制成频率分布表。

第三步：根据频率分布表制作频率直方图。

例 2 为弘扬勤俭节约的中华美德，某校开展了节约用水教育和问卷调查。调查获得某地区 300 名居民某月的用水量（单位：t），将这些数据按照 $[0，1)$，$[1，2)$，$[2，3)$，$[3，4)$，$[4，5)$，$[5，6)$ 分成 6 组，制成了如图 8-5 所示的频率直方图。

(1) 求频率直方图中 a 的值。

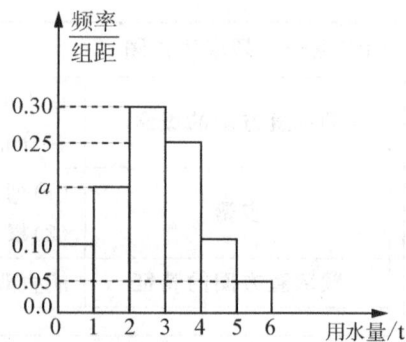

图 8-5

(2) 若每组中各居民的用水量用该组的中间值，如 $(0，1)$ 的中间值为 0.5，试估计该地区居民这个月的人均用水量（t）。

解 (1) $a = 1 - (0.10 + 0.30 + 0.25 + 0.10 + 0.05) = 0.20$。

（2）$0.5×0.10+1.5×0.20+2.5×0.30+3.5×0.25+4.5×0.10+5.5×0.05=2.7(t)$

该地区居民这个月的人均用水量约为 2.7 t。

解题反思　频率分布直方图的特征。

（1）这种按距离分组的频率直方图，每个长方形的面积等于频率。所有长方形的面积和等于 1。

（2）均值 $=\dfrac{x_1+x_2+\cdots+x_n}{n}=$ 频率分布表中的每一个基本数据与对应频率乘积的和。

⊙ 训练测评 ────────────────────────────────●

【基础达标训练】

1. 表 8-14 是物联网技术应用专业 1 班上学期期末数学考试成绩统计表，请完成该统计表，并作出频率直方图。

表 8-14

成绩/分	[0, 20)	[20, 40)	[40, 60)	[60, 80)	[80, 100]
频数	1	3	8	20	8
频率					

2. 某中职学校为了解本校住校生情况，随机抽取了 20 名住校生今年 9 月周末回家次数作为样本进行调查，调查数据如下（单位：次）。

4 2 3 2 3 1 0 2 4 1 0 3 2 3 2 1 3 2 1 3

请作出其频率直方图。

【能力提高训练】

1. 某中职学校有在校学生 5 000 人，为了认真做好"双减"工作，随机抽取该校 100 名学生用问卷调查他们每天的睡觉时长，根据问卷调查结果的数据，得到如表 8-15 所示的频数分布表。

表 8-15

分组/h	$[5，6)$	$[6，7)$	$[7，8)$	$[8，9)$	$[9，10]$
频数	4	16	36	40	4

(1)每天睡觉时长低于 8 小时称为睡眠不足，如果用样本事件发生的频率来估计总体相应事件的概率，试估计该校学生有多少人睡眠不足。

(2)若每组中各个学生睡觉时长用该组的中间值(如$[5，6)$的中间值为 5.5)来估计，试估计该校学生每天睡眠的平均时长。

(3)请作出该样本的频率直方图。

2. 某上市企业为做好企业资源管理系统，对企业旗下 10 000 名工人加工某种精密零件的效率进行摸底。随机抽取了 100 名工人对他们每人每天加工完成该零件的个数作为样本进行统计，样本数据统计如图所示。

(1)每天完成 1 个该零件的工人称为入门工人，请问该样本中入门工人的频率为多少？

(2)每天完成 3 个及以上该零件的工人称为熟练工人。如果用样本中事件的频率来估计总体中相应事件的频率，试估计该企业有多少熟练工人。

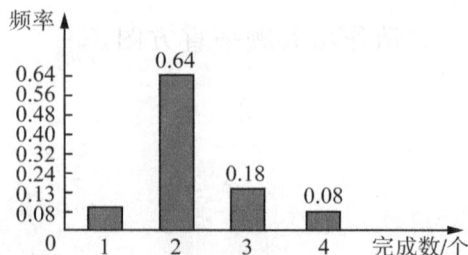

第 2 题图

（3）利用频率直方图作出频率分布表。

3. 北京冬奥会短道速滑男子 500 m 预赛中，成绩在 38 s 及以内的选手进入了半决赛，已知进入半决赛的频率为 0.25。

（1）将参加预赛的所有选手的成绩分组，制成下面的频率分布表，请填写完成表 8-16。

表 8-16

成绩/s	[34，36]	(36，38]	(38，40]	(40，42]
频数	8	12		
频率				0.1

（2）作出频率直方图。

8.5.3 统计图、 表的综合应用

⊙ 训练测评 ————————————————————————————————————●

应用一	对数据进行分析形成统计图、统计表	对数据进行规范整理，形成频数、频率分布表或者频率分布直方图，便于形象、直观地反应数据的分布规律，为我们研究数据提供决策依据
应用二	根据统计图、统计表，计算数据特征，分析数据分布	根据数据的频数、频率的分布统计表、图，研究数据分布的规律，利用这些规律去统计相应的数据特征

【基础达标训练】

1. 彩灯专业二年级(1)班学生每日制作完成城市美化小灯笼个数的频率分布表如表 8-17。

表 8-17

小灯笼/个	3	4	5	6	7
频数	2	10	16	8	4
频率	0.05	0.25	0.40	0.20	0.10

根据表 8-17，作出频率直方图。

2. 已知一个样本数据如下：

50　80　70　60　80　60　90　100　70　80　70　80　90

80　50　80　70　90　70　80　100　80　60　90　70　60

90　70　80　90　80　60　70　60　100　80　50　70　80

(1)请填写如表 8-18 所示的频率分布表。

表 8-18

数据	50	60	70	80	90	100
频数						
频率						

(2)作出频率直方图。

【能力提高训练】

1. 某焊工技能大赛中，20 名选手一次性焊接合格率数据如下：

96.5%　92.3%　95.5%　94.8%　95.2%　93.9%　94.2%　99.1%　95.1%　95.4%

95.6%　94.5%　97.7%　92.7%　95.8%　95.1%　96.4%　94.6%　98.8%　95.8%

(1)如果你是本次比赛的志愿者，将以上数据合理分为 4 组，列出频率分布表。

(2)如果一次性焊接合格率在 96% 以上可以评为"优秀焊工"，则本次比赛的优秀率为多少？

(3)作出频率直方图。

2. 北京冬奥会自由式滑雪女子大跳台资格赛中前 12 名选手晋级决赛，晋级率为 $\dfrac{6}{13}$。

(1)将资格赛的所有选手的成绩分组，制成下面的频率分布表，请填写完成表 8-19。

表 8-19

得分	[100，120]	(120，140]	(140，160]	(160，180]
频数			7	5
频率		0.5		

(2)作出频率直方图。

8.6 样本均值与标准差

8.6.1 样本均值、方差和标准差的概念

课标要求	知识脉络
理解均值、方差、标准差的含义	样本数据特征 — 样本平均值（概念、公式）；样本方差（概念、公式）；样本标准差（概念、公式）

➡ 知识准备

甲、乙两名射击运动员进行 10 轮射击的成绩如下（单位：环）。

甲：9，10，9，8，9，9，8，9，10，9。

乙：10，8，10，10，7，8，10，10，10，7。

（1）甲的平均成绩为_____。

（2）乙的平均成绩为_____。

（3）从这两名运动员中选拔一人参加下一轮比赛，哪名运动员更具有优势？

➡ 知识要点

知识点一　样本均值	
样本均值公式	$\bar{x}=\dfrac{1}{n}(x_1+x_2+\cdots+x_n)$
意义	反映样本数据的集中趋势

知识点二　方差、标准差	
方差公式	$s^2=\dfrac{1}{n}\left[(x_1-\bar{x})^2+(x_2-\bar{x})^2+\cdots+(x_n-\bar{x})^2\right]$
标准差公式	$s=\sqrt{\dfrac{1}{n}\left[(x_1-\bar{x})^2+(x_2-\bar{x})^2+\cdots+(x_n-\bar{x})^2\right]}$
意义	方差和标准差可以用来衡量一组数据的波动大小，方差（或标准差）越小，说明数据越稳定，方差（或标准差）越大，说明数据越不稳定

典例精析

例 1 (1)若样本数据为：22，23，25，24，26，23，22，24，28，30 则该样本的均值是( )。

A. 24   B. 24.4   C. 24.5   D. 24.7

(2)甲、乙二人在相同的条件下各射击 5 次，各次命中的环数如下：

$$甲：7，8，6，8，6；$$

$$乙：9，5，7，6，8。$$

则就二人射击的技术情况来看，( )

A. 甲更稳定   B. 乙更稳定

C. 甲、乙稳定性相同   D. 无法比较其稳定性

解析 (1)$\bar{x} = \frac{1}{10}(22+23+25+24+26+23+22+24+28+30) = \frac{247}{10} = 24.7$，

故选 D。

(2)甲的均值为 $\bar{x} = \frac{1}{5}(7+8+6+8+6) = 7$，

方差为 $s^2 = \frac{1}{5}[(7-7)^2 + (8-7)^2 + (6-7)^2 + (8-7)^2 + (6-7)^2] = \frac{4}{5}$。

乙的均值为 $\bar{x} = \frac{1}{5}(9+5+7+6+8) = 7$，

方差为 $s^2 = \frac{1}{5}[(9-7)^2 + (5-7)^2 + (7-7)^2 + (6-7)^2 + (8-7)^2] = 2$。

因为甲的方差小于乙的方差，所以甲比乙更稳定，故选 A。

解题反思

(1)样本均值是反映样本数据的平均水平。在实际生活中往往用样本均值去估计总体均值；

(2)样本方差或标准差反映样本数据的离散程度或者波动大小，方差(或标准差)越大，样本数据波动越大。在实际生活中常用样本方差去估计总体方差。

例 2 计算下列 10 个学生的数学成绩所组成样本的均值和标准差。

$$89，90，91，87，92，92，88，93，88，90。$$

解　均值 $\overline{x} = \frac{1}{10}(89+90+91+87+92+92+88+93+88+90) = \frac{900}{10} = 90$。

$s^2 = \frac{1}{10}\big[(89-90)^2+(90-90)^2+(91-90)^2+(87-90)^2+(92-90)^2+(92-90)^2+$

$(88-90)^2+(93-90)^2+(88-90)^2+(90-90)^2\big] = \frac{32}{10}$。

所以　$s = \sqrt{\frac{32}{10}} = \frac{4\sqrt{5}}{5}$。

⊙ 训练测评

【基础达标训练】

一、选择题

1. 在学校文艺晚会上，8 位评委为某表演者打出的分数如下：78，77，84，80，79，78，91，81，这些分数中去掉一个最高分和一个最低分，其分数的平均值为表演者的最终分数，那么该表演者最终分数为（　　）。

A．81.5　　　　　B．81　　　　　C．80　　　　　D．79.5

2. 已知甲、乙两组数据的平均数都是 10，甲组数据的方差为 0.5，乙组数据的方差为 0.8，则（　　）。

A．甲组数据比乙组数据的波动大　　B．甲组数据比乙组数据的波动小

C．甲组数据与乙组数据的波动一样大　　D．甲、乙两组数据的波动大小不能确定

3. 已知样本数据 90，96，m，80，91，78，其中样本的均值为 87，则 m 的值为（　　）。

A．85　　　　　B．86　　　　　C．87　　　　　D．88

4. 有一样本的标准差为 0，则（　　）。

A．样本数据都是 0　　　　　　　B．样本均值为 0

C．样本数据都相等　　　　　　　D．以上都不是

二、填空题

5. 已知样本数据为：2，4，6，8，10，12，14，16，18，20，则该样本的均值是 _____，标准差是 _____。

6. 已知一个样本的方差 $s^2 = \dfrac{1}{5}\big[(9-10)^2 + (12-10)^2 + (10-10)^2 + (8-10)^2 +$ $(11-10)^2\big]$，则这个样本的容量是_____，均值是_____。

7. 已知样本数据 82，87，m，93，98，90，其中 m 恰与该样本的均值相等，则 $m =$ _____。

三、解答题

8. 一组样本数据如下，请你计算它们的标准差。

$$6，7，8，9，7，5。$$

【能力提高训练】

学校准备选派甲、乙两位同学中的一位同学参加市车工技能比赛，学校对他们工件的精度水平进行了测试。两人在相同的条件下，各完成了 10 个相同的零件，所得精度差（单位：mm）如下。

甲：7，8，6，8，6，5，9，10，7，4。

乙：9，5，7，8，7，8，6，6，7，7。

请你根据你所学的知识，帮助学校选派一名同学参加，并说明理由（精确到两位小数）。

8.6.2 样本均值、方差和标准差的计算

课标要求	知识脉络
掌握计算机计算样本均值、方差、标准差的方法	Excel —— AVERAGE（样本平均值函数） Excel —— VAR.S（样本方差函数） Excel —— STDEV（样本标准差函数）

➔ 知识要点

知识点　样本均值、方差、标准差的计算	
样本均值、方差、标准差的计算	Excel $\begin{cases} \text{AVERAGE（样本均值函数）} \\ \text{VAR.S（样本方差函数）} \\ \text{STDEV（样本标准差函数）} \end{cases}$

➔ 典例精析

例 学校准备选派甲、乙两位同学中的一位同学参加市车工技能比赛，学校对他们工件的精度水平进行了测试。两人在相同的条件下，各完成了 10 个相同的零件，所得精度差（单位：mm）如下。

甲：7，8，6，8，6，5，9，10，7，4。

乙：9，5，7，8，7，8，6，6，7，7。

请你根据所学的知识，帮助学校选派一名同学参加，并说明理由。

解 在计算机中打开 Excel 软件。

在空白处输入数据，如图 8-6 所示；

在表格的第 12 行中计算均值，在 B12 单元格中输入"＝AVERAGE（）"，在括号内选择要计算的 10 个样本数据，按回车即可计算出样本均值。如图 8-7 所示。

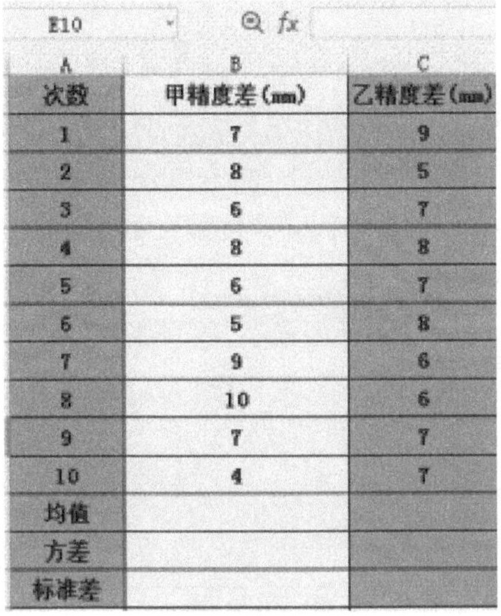

图 8-6

图 8-7

　　在表格的第 13 行中计算方差，在 B13 单元格中输入"＝VAR.S()"，在括号内选择要计算的 10 个样本数据，按回车即可计算出样本方差。如图 8-8 所示。

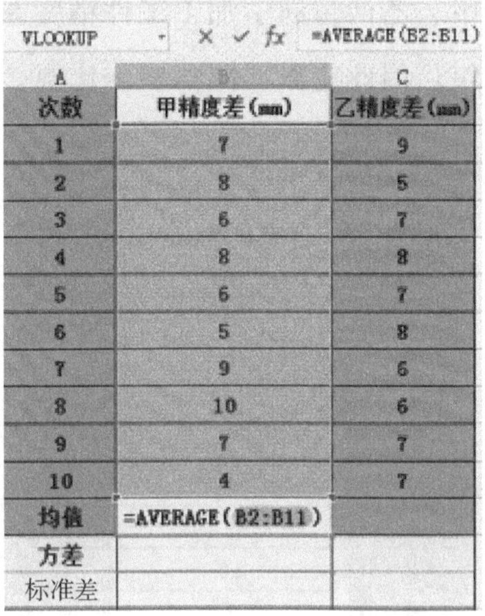

　　在表格的第 14 行中计算标准差，在 B14 单元格中输入"＝STDEV()"，在括号内选择要计算的 10 个样本数据，按回车即可计算出样本标准差，如图 8-9 所示。

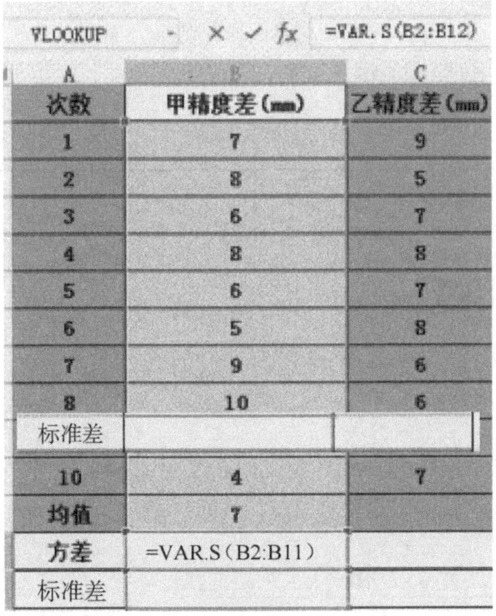

图 8-8

图 8-9

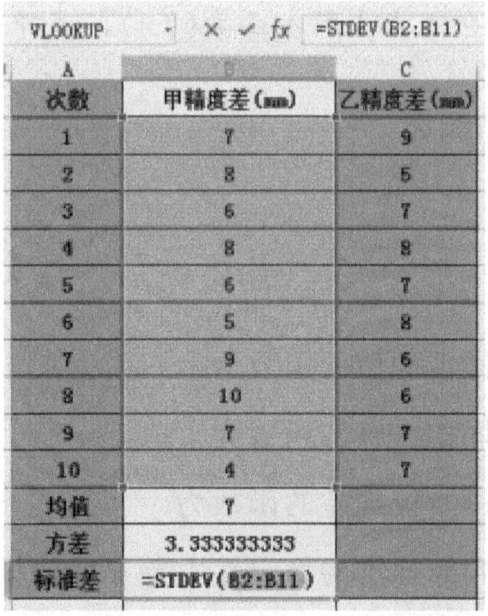

　　按甲同学加工工件精度差的均值、方差、标准差的计算方法，可以计算出乙同学加工工件精度差的均值、方差、标准差，如图 8-10 所示。

比较甲、乙两位同学加工工件精度差的方差或者标准差，发现乙同学方差更小，说明乙同学更稳定，因此应派乙同学参加比赛。

次数	甲精度差(mm)	乙精度差(mm)
1	7	9
2	8	5
3	6	7
4	8	8
5	6	7
6	5	8
7	9	6
8	10	6
9	7	7
10	4	7
均值	7	7
方差	3.333333333	1.333333333
标准差	1.825741858	1.154700538

图 8-10 图 8-11

解题反思

(1)熟记样本均值、方差、标准差的命令。

(2)也可点击插入函数(fx)，选择函数。如图 8-11 所示。

➔ **训练测评** ─────────────────────

【基础达标训练】

1. 样本均值的函数为_____。

2. 样本方差的函数为_____。

3. 样本标准差的函数为_____。

4. 判断样本的稳定性主要参考数据是样本的_____和_____。

【能力提高训练】

为了解某商店的经营情况，连续抽检了两周周一至周五的营业额情况，每天的营业额如表 8-20 所示(单位：元)

表 8-20

	周一	周二	周三	周四	周五
第一周	3 210	3 159	3 188	3 216	3 297
第二周	3 200	3 173	3 225	3 192	3 280

(1)求这 10 天的平均营业额;

(2)求这 10 天营业额的方差;

(3)判断每周的经营情况中,哪天销售最差? 哪天销售最旺?

→ 单元复习

【知识网络图】

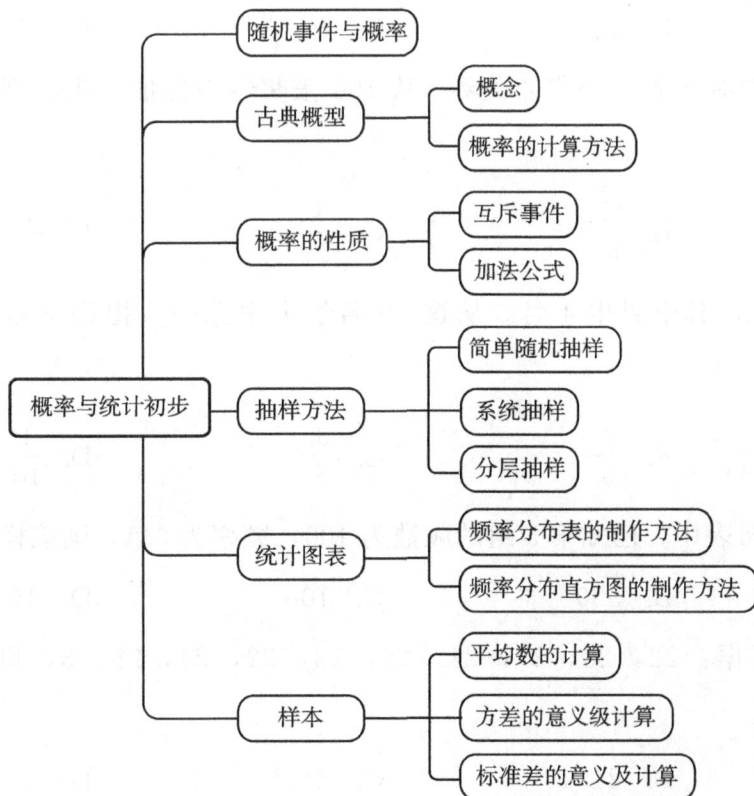

【单元综合训练】

一、选择题

1. 要考查某地区 6 岁儿童的体重状况,随机抽取 300 个 6 岁儿童测试其体重。这 300 个儿童的体重(数据)是(　　)。

　　A. 总体　　　　　　B. 个体　　　　　　C. 样本　　　　　　D. 样本容量

2. 要考查某地区学生身高与体重的比例,该地区有小学生 33 500 人,初中生 25 600 人,高中生 9 600 人,从中选出 1 000 名学生进行测量,抽取样本采用(　　)。

　　A. 随机数表法　　B. 分层抽样　　　C. 抽签法　　　　D. 系统抽样

3. 掷一枚质地均匀的骰子,骰子的表面分别刻有 1 到 6 的点数,掷得面朝上的点数为奇数的概率为(　　)。

　　A. $\dfrac{1}{6}$　　　　　　B. $\dfrac{1}{3}$　　　　　　C. $\dfrac{1}{4}$　　　　　　D. $\dfrac{1}{2}$

4. 为选拔选手代表学校参加市学生技能竞赛,甲、乙、丙、丁四名学生进行了 10 次技能测试,四人 10 次技能测试的平均成绩均为 92 分,方差分别为 $s^2_甲=0.58$,$s^2_乙=0.62$,$s^2_丙=0.52$,$s^2_丁=0.47$,则成绩最稳定的是(　　)。

　　A. 甲　　　　　　　B. 乙　　　　　　　C. 丙　　　　　　　D. 丁

5. 100 张奖券中有 2 张一等奖的奖券,从 100 张奖券中任抽一张,则中一等奖的概率为(　　)。

　　A. $\dfrac{1}{100}$　　　　　B. $\dfrac{1}{50}$　　　　　C. $\dfrac{1}{25}$　　　　　D. $\dfrac{1}{5}$

6. 有 10 名学生,其中男生 4 名。从这 10 名学生中选一人担任学习委员,则抽到女生的概率为(　　)。

　　A. $\dfrac{2}{5}$　　　　　　B. $\dfrac{1}{5}$　　　　　　C. $\dfrac{3}{5}$　　　　　　D. $\dfrac{1}{10}$

7. 一个频率分布表中,已知第 5 组的频数为 100,频率为 0.1,则该样本容量为(　　)。

　　A. 1 000　　　　　B. 500　　　　　　C. 100　　　　　　D. 10

8. 已知样本数据:22,23,25,24,26,23,22,24,28,3,则该样本的均值是(　　)。

　　A. 24　　　　　　　B. 24.4　　　　　　C. 24.5　　　　　　D. 24.7

9. 已知样本数据 87，96，m，79，90，78，其中样本的均值为 m，则 m 的值为（　　）。

A. 85　　　　　B. 86　　　　　C. 87　　　　　D. 88

10. 在"田忌赛马"的故事中，田忌用上等马对中等马，用中等马对下等马，用下等马对上等马以三局两胜赢了齐王。如果不知道齐王马匹的出场顺序，则田忌赢得比赛的概率为（　　）。

A. 0　　　　　B. $\dfrac{1}{2}$　　　　　C. $\dfrac{1}{3}$　　　　　D. $\dfrac{1}{6}$

二、填空题

11. 甲、乙两人进行击剑比赛，甲获胜的概率是 0.4，两人战平的概率是 0.3，则甲不输的概率是＿＿＿＿＿＿＿＿。

12. 从数字 1，2，3，4，5 中任取两个不同的数字构成一个两位数，这个两位数大于 40 的概率为＿＿＿＿＿＿。

13. 已知样本数据为：1，3，5，7，9，11，13，15，17，19，则该样本的均值是＿＿＿＿，标准差是＿＿＿＿。

14. 随机抽查某商店五月份中 6 天的营业额，分别如下（单位：万元）：3.1，3.0，2.9，3.0，3.4，3.2，估计这个商店五月份的营业额大约是＿＿＿＿万元。

15. 管理人员从一池塘内捞出 30 条鱼，做上标记后放回池塘。10 天后，又从池塘内捞出 50 条鱼，其中有标记的有 2 条。根据以上数据可以估计该池塘内大约有＿＿＿＿条鱼。

三、解答题

16. 将牌面上的数字分别为 4，5，6，7，8，9 的 6 张扑克牌背面朝上，将牌洗匀后，从中任意抽出一张。

(1) 求牌面上的数字恰好是 3 的倍数的概率；

(2) 求牌面上的数字大于 5 的概率。

17. 甲、乙两人在同样的条件下练习射击，打 5 发子弹，命中环数如下。

甲：6，8，9，9，8。

乙：10，7，7，7，9。

(1) 求甲、乙两人的平均成绩；

(2) 如果要选一人参加比赛，应该选谁，为什么？

18. 一副 54 张的扑克牌，其中大王、小王各一张，黑桃、红桃、梅花、方块各 13 张，从中抽取一张，求抽到大王或小王的概率。

19. 盒中装有 5 个形状相同的球，其中白球 2 个、黑球 3 个。从盒中任意抽取 2 个球，求：

(1) 两个球都是黑球的概率；

(2) 一个是黑球、一个是白球的概率。

20. 某工厂甲、乙两个车间包装同一种产品，在自动包装传送带上每隔 30 cm 抽一包产品，称其质量，看是否合格，记录的抽查产品的质量数据如下。

甲车间：102，101，99，103，98，99，98。

乙车间：110，105，100，85，75，115，110。

(1)这样的抽样是何种抽样方式？

(2)估计甲、乙两个车间生产产品的质量的均值与标准差，并说明哪个车间的产品较稳定。

第六单元测评卷

第Ⅰ卷(选择题60分)

一、选择题(本大题共15小题,每小题4分,共60分。在每小题给出的四个选项中只有一项符合题目要求)

1. 已知点 $A(-1,0)$,$B(-2,4)$,则线段 AB 的长度为(   )。

A. 17   B. $\sqrt{17}$ C. 25   D. $\sqrt{25}$

2. 已知点 $A(0,-2)$,$B(x,6)$,且线段 AB 的中点坐标为 $D(-1,y)$,则 x,y 的值分别为(   )。

A. $x=2$,$y=4$ B. $x=-2$,$y=2$

C. $x=-4$,$y=-2$ D. $x=-4$,$y=25$

3. 下列关于倾斜角的说法正确的是(   )。

A. 倾斜角是直线与 x 轴所成的最小角

B. 倾斜角是直线在 x 轴上方部分与 x 轴所成的角

C. 倾斜角是直线与 x 轴正方向所成的角

D. 倾斜角是直线在 x 轴上方部分与 x 轴正方向所成的角

4. 已知直线 l 的倾斜角为 $120°$,则该直线的斜率为(   )。

A. $\sqrt{3}$ B. $\dfrac{\sqrt{3}}{3}$ C. $-\sqrt{3}$ D. $-\dfrac{\sqrt{3}}{3}$

5. 已知直线 $y=-x+2$ 经过点 $P_1(x_1,y_1)$ 和 $P_2(x_2,y_2)$,则 $\dfrac{y_1-y_2}{x_1-x_2}$ 的值为(   )。

A. -1 B. 1 C. 2 D. -2

6. 经过点 $A(-2,5)$ 且垂直于 x 轴的直线方程为(   )。

A. $x=-2$ B. $x=5$ C. $y=-2$ D. $y=5$

7. 过点 $M(-1,2)$ 且斜率为 -2 的直线 m 的方程为(   )。

A. $y-2=-2(x-1)$ B. $y-2=-2(x+1)$

C. $x-1=-2(y-2)$ D. $x+1=-2(y-2)$

8. 直线 l_1，l_2 的斜率分别为 k_1，k_2，且 $l_1 \perp l_2$，则 k_1 与 k_2 的关系是（　　）。

A. $k_1 = k_2$　　　　B. $k_1 = -k_2$　　　　C. $k_1 \cdot k_2 = 1$　　　　D. $k_1 \cdot k_2 = -1$

9. 若直线 $ax - 2y + 1 = 0$ 平行于直线 $3x + y - 1 = 0$，则实数 a 的值为（　　）。

A. 6　　　　B. -6　　　　C. $\dfrac{2}{3}$　　　　D. $-\dfrac{2}{3}$

10. 以 $(-2, 1)$ 为圆心，$\sqrt{5}$ 为半径的圆的方程为（　　）。

A. $(x-2)^2 + (y+1)^2 = \sqrt{5}$　　　　B. $(x-2)^2 + (y+1)^2 = 5$

C. $(x+2)^2 + (y-1)^2 = \sqrt{5}$　　　　D. $(x+2)^2 + (y-1)^2 = 5$

11. 已知点 $M(-3, m)$ 在圆 $x^2 + (y-1)^2 = 25$ 上，则实数 m 的值为（　　）。

A. 5　　　　B. -3　　　　C. 5 或 -3　　　　D. 3 或 -5

12. 圆 $x^2 + y^2 = 1$ 上的点到直线 $x - \sqrt{3}y - 4 = 0$ 的最短距离为（　　）。

A. 0　　　　B. 1　　　　C. 2　　　　D. 3

13. 圆 $x^2 + y^2 - 4x + 2y - 4 = 0$ 的圆心和半径分别是（　　）。

A. $(-2, 1)$，3　　B. $(-2, 1)$，9　　C. $(2, -1)$，3　　D. $(2, -1)$，9

14. 以 $(-1, 4)$ 为圆心，与直线 $x - 2y + 4 = 0$ 相切的圆的面积为（　　）。

A. 25π　　　　B. 10π　　　　C. 5π　　　　D. $2\sqrt{5}\pi$

15. 若直线 $x - y + 1 = 0$ 与圆 $(x-a)^2 + y^2 = 2$ 有公共点，则实数 a 的取值范围是（　　）。

A. $[-3, -1]$　　　　　　　　B. $[-1, 3]$

C. $[-3, 1]$　　　　　　　　D. $(-\infty, -3) \cup (1, +\infty)$

第Ⅱ卷　非选择题(90分)

二、**填空题**(本大题共 5 小题，每题 4 分，共 20 分)

16. 已知以 $M(-2, m)$，$N(n, 1)$ 为端点的线段的中点是 $Q(3, 4)$，则 $m + \log_2 n =$ _____。

17. 直线 $x - y = 0$ 与 $2x + y - 6 = 0$ 相交于点 P，则点 P 的坐标为 _____。

18. 若 $A(1, 2)$，$B(0, 3)$，$C(k, 7)$ 三点共线，则 k 的值为 _____。

19. 过点 $P(\sqrt{2}, -1)$ 且与圆 $x^2 + y^2 = 3$ 相切的直线的方程为 _____。

20. 在 $\triangle ABC$ 中，已知 $A(-2, 3)$，$B(0, 0)$，$C(2, -1)$，则以 AB 的中点为圆心，

且经过点 C 的圆的方程为_____。

三、解答题(共 70 分。解答时应写出必要的文字说明、演算步骤或证明过程)

21.(10 分)已知直线 l:$2x-3y-6=0$。

(1)在如图所示的平面直角坐标系中画出直线 l;

(2)求直线 l 分别与 x 轴、y 轴的交点坐标;

(3)求直线 l 与坐标轴围成的三角形的面积。

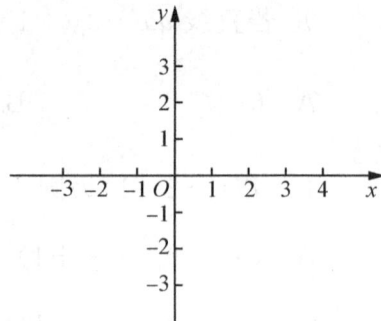

第 21 题图

22.(12 分)如图所示。

(1)写出点 A,B 的坐标;

(2)求直线 OB 的方程;

(3)求△OAB 的面积。

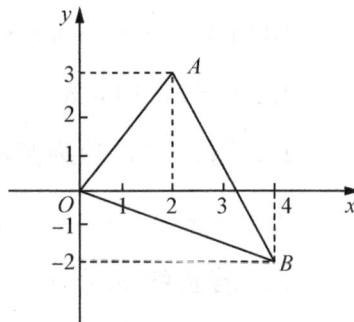

第 22 题图

23.(12 分)已知直线 l 的倾斜角为 α,且 $\cos \alpha = \dfrac{1}{3}$。

(1)求 $\sin \alpha$ 的值;

(2)求直线 l 的斜率;

(3)若直线 l 在 y 轴上的截距为 3,求直线 l 的方程。

24.(12分)已知直线 l：$x-2y+1=0$。

(1)求与直线 l 平行且经过点 $A(2，-3)$ 的直线方程；

(2)圆心为 $B(-1，2)$ 且与直线 l 相切的圆的标准方程。

25.(12分)已知圆 C 的半径为 2，圆心在 x 轴的正半轴上，直线 $3x+4y+4=0$ 与圆 C 相切。

(1)求圆 C 的标准方程；

(2)求过点 $P(4，0)$ 的圆 C 的切线方程。

26.(12分)已知直线 l：$mx-y-3m+4=0$，圆 C：$(x-4)^2+(y-3)^2=4$。

(1)求证：直线 l 与圆 C 有两个不同的交点恒成立；

(2)若直线 l 与圆 C 交于 P，Q 两点，求 $|PQ|$ 的最小值，并求当 $|PQ|$ 最小时 m 的值。

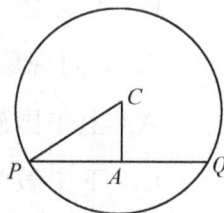

第 26 题图

第七单元测评卷

第Ⅰ卷（选择题60分）

一、选择题（本大题共15小题，每小题4分，共60分。在每小题给出的四个选项中只有一项符合题目要求）

1．下列几何体不是旋转体的是（　　）。

A．圆柱　　　　　　　B．正方体　　　　　　C．圆锥　　　　　　D．半球体

2．下列说法正确的是（　　）。

A．正三棱锥的每一个面都是全等的等边三角形

B．圆锥是旋转体

C．棱柱的侧面展开图是矩形

D．直四棱柱的底面是菱形

3．给出下列四个命题：

①各侧面都是全等四边形的棱柱一定是正棱柱；

②对角面是全等矩形的六面体一定是长方体；

③有两侧面垂直于底面的棱柱一定是直棱柱。

其中正确命题的个数是（　　）。

A．0　　　　　　　　　B．1　　　　　　　　　C．2　　　　　　　　　D．3

4．下列说法正确的是（　　）。

A．正三棱锥是特殊的正四面体　　　　　　B．正四面体的每一面都是正三角形

C．长方体不是直棱柱　　　　　　　　　　D．圆锥的底面是椭圆

5．下列现象中，是中心投影现象的是（　　）。

A．上午国旗的影子　　　　　　　　　　　B．中午人走路的影子

C．下午教学楼的影子　　　　　　　　　　D．晚上路灯下的人影

6．已知等腰三角形ABC的底边长为4，腰长为3，那么$\triangle ABC$的直观图$\triangle A'B'C'$的面积为（　　）。

A．$2\sqrt{5}$　　　　　　　B．$4\sqrt{5}$　　　　　　　C．$\dfrac{\sqrt{10}}{4}$　　　　　　　D．$\dfrac{\sqrt{10}}{2}$

7. 侧面展开图是圆心角为 90°，半径为 4 的扇形，则该几何体的体积为(　　)。

A. 4π　　　　　B. $4\sqrt{3}\,\pi$　　　　　C. $\sqrt{15}\,\pi$　　　　　D. $\dfrac{\sqrt{15}}{3}\pi$

8. 下列展开图中是正方体展开图的是(　　)。

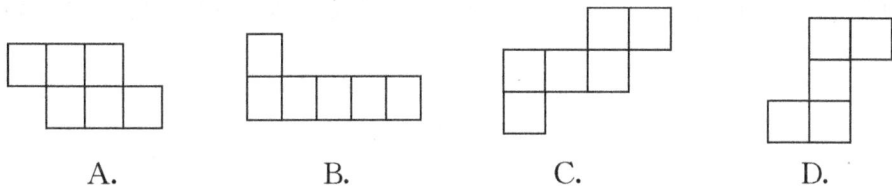

A.　　　　　B.　　　　　C.　　　　　D.

9. 一个几何体的三视图如图所示，则该几何体可以是(　　)。

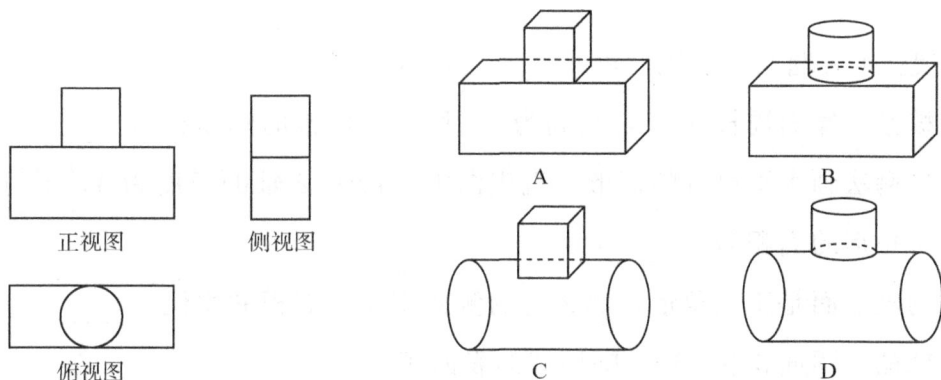

正视图　　侧视图

俯视图

A　　B

C　　D

第 9 题图

10. 圆柱的轴截面是边长为 2 的正方形，则该圆柱的体积为(　　)。

A. π　　　　　B. $\sqrt{3}\,\pi$　　　　　C. $\dfrac{\sqrt{3}}{2}\pi$　　　　　D. 2π

11. 正三棱柱的底面边长为 3，高为 4，则表面积为(　　)。

A. 36　　　　　B. $\dfrac{9\sqrt{3}}{2}$　　　　　C. $9\sqrt{3}+36$　　　　　D. $\dfrac{9\sqrt{3}}{2}+36$

12. 关于斜二测法所得直观图的说法，正确的有(　　)。

①两条平行线段在直观图中对应的两条线段仍然平行；②平行于坐标轴的线段长度在直观图中仍然保持不变；③斜二测法坐标系中两坐标轴的角可能是 135°。

A. 0 个　　　　　B. 1 个　　　　　C. 2 个　　　　　D. 3 个

13. 如图 $OA'B'C'$ 是梯形 $OABC$ 的直观图，则直观图梯形 $OABC$ 与梯形 $O'A'B'C'$ 的面积之比为(　　)。

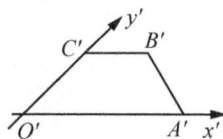

A. $1:2$　　　　　B. $1:\sqrt{2}$　　　　　C. $1:2\sqrt{2}$　　　　　D. $1:\sqrt{3}$

第 13 题图

14. 正三棱锥的底面边长为 a，高为 $\dfrac{\sqrt{6}}{6}a$，则该三棱锥的侧面积等于(　　)。

A. $\dfrac{3}{4}a^2$　　　　B. $\dfrac{3}{2}a^2$　　　　C. $\dfrac{3\sqrt{3}}{4}a^2$　　　　D. $\dfrac{3\sqrt{3}}{2}a^2$

15. 已知圆锥的表面积为 3π，且它的侧面展开图是一个半圆，则这个圆锥的底面直径是(　　)。

A. $\dfrac{3\pi}{2}$　　　　B. 1　　　　C. 2　　　　D. $\dfrac{2}{\pi}$

第Ⅱ卷　非选择题(90分)

二、填空题(本大题共5小题，每题4分，共20分)

16. 正十棱锥，底面周长为15，斜高为2，则该十棱锥的侧面积为_____。

17. 用斜二测法画水平放置的矩形，直观图中平行于 x 轴的长度为3，平行于 y 轴的长度为2，则这个矩形的面积为_____。

18. 圆锥的轴截面是正三角形，那么它的侧面积与底面积的比值为_____。

19. 一个球的大圆面积为 16π，则该球的表面积为_____。

20. 已知正四棱柱的侧面展开图是边长为16和4的矩形，则该正四棱柱的体积是_____。

三、解答题(共70分。解答时应写出必要的文字说明、演算步骤或证明过程)

21. (10分)如图为平面图形的直观图，在平面直角坐标系中，分别画出它们的原图。

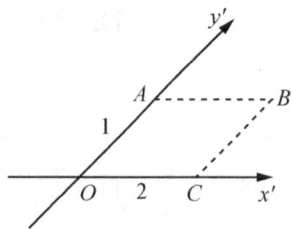

(1)

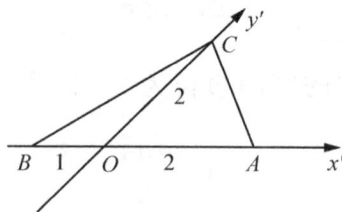

(2)

第21题图

22. (12分) 如图为某几何体的三视图, 用斜二测法画出下面几何体的直观图。

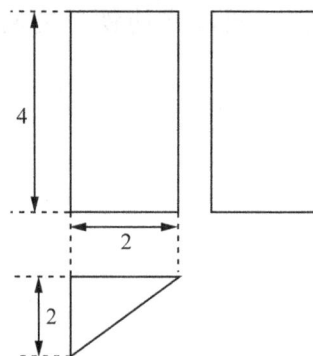

第 22 题图

23. (12分) 如图, 已知几何体的三视图, 求出该几何体的体积。

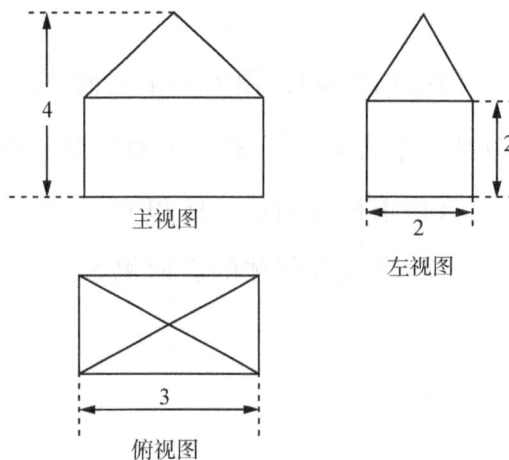

第 23 题图

24. (12分) 如图, 已知一个几何体的三视图, 正视图是边长为 2 的等边三角形, 求出该几何体的表面积和体积。

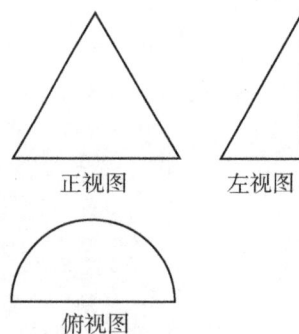

第 24 题图

25.（12 分）有一根长为 9π cm，底面半径为 2 cm 的圆柱形铁管，用一段铁丝在铁管上缠绕 3 圈，并使铁丝的两个端点落在圆柱的同一母线的两端，则铁丝的最短长度为多少？

第 25 题图

26.（12 分）如图为一个几何体的三视图。已知正视图是底边长为 1 的平行四边形，左视图是一个长为 $\sqrt{3}$、宽为 1 的矩形，俯视图是两个边长为 1 的正方形拼成的矩形。

（1）求该几何体的体积 V；

（2）求该几何体的表面积 S。

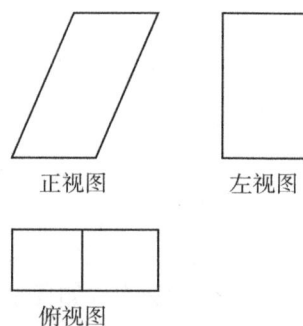

正视图　　　左视图

俯视图

第 26 题图

第八单元测评卷

第Ⅰ卷(选择题60分)

一、选择题(本大题共15小题，每小题4分，共60分。在每小题给出的四个选项中只有一项符合题目要求)

1. 下列事件中，是随机事件的为(　　)。

A. 在标准大气压下，水加热到100 ℃一定沸腾

B. 明天会下雨

C. 掷一颗骰子点数为7

D. 如果 $x-2=0$，则 $x=2$

2. 投掷一枚骰子，出现点数大于4的概率为(　　)。

A. $\frac{1}{6}$ 　　　 B. $\frac{1}{3}$ 　　　 C. $\frac{1}{2}$ 　　　 D. $\frac{2}{3}$

3. 为调查某校学生的身高情况，采用以下的哪种抽样方法更合理(　　)。

A. 随机抽样　　 B. 系统抽样　　 C. 分层抽样　　 D. 以上都不是

4. 一名射击运动员5次射击的成绩分别为9、8、7、8、7，该运动员5次射击的均值是(　　)。

A. 7 　　　 B. 7.6 　　　 C. 7.8 　　　 D. 8

5. 一个三层书架，每层依次放置语文书10本、数学书10本、英语书10本，从中任取一本，不同的取法共有(　　)种。

A. 3 　　　 B. 10 　　　 C. 30 　　　 D. 1000

6. 某射击选手每次射击的环数都在7环及以上，其中击中10环的概率为0.25，击中9环的概率为0.37，击中8环的概率为0.28，则击中8环以下的概率为(　　)。

A. 0.1 　　　 B. 0.38 　　　 C. 0.62 　　　 D. 无法判断

7. 30件产品中，有5件次品，现从中任取2件，以下事件是对立事件的为(　　)。

A. 恰有1件次品和恰有2件次品

B. 至少有1件次品和至少有1件正品

C. 最多有 1 件次品和至少有 1 件正品

D. 至少有 1 件次品和全是正品

8. 为了考查某一地区中职高二年级学生的期末数学考试成绩，从中抽取了 100 名学生的成绩进行分析，在这个问题中，总体是（　　　）。

A. 某一地区中职高二年级的全体学生

B. 某一地区中职高二年级学生的期末数学考试成绩

C. 被抽到的 100 名学生

D. 被抽到的 100 名学生的期末数学考试成绩

9. 把以下 20 个数分成 5 个组，则组距应确定为（　　　）。

$$35 \quad 59 \quad 51 \quad 68 \quad 51 \quad 74 \quad 81 \quad 61 \quad 76 \quad 71$$

$$46 \quad 41 \quad 54 \quad 82 \quad 62 \quad 39 \quad 71 \quad 65 \quad 54 \quad 49$$

A. 9　　　　　　B. 10　　　　　　C. 9.4　　　　　　D. 11

10. 在一次教师联欢会上，到会的女教师比男教师多 12 人，从到会教师中随机选一人表演节目．如果每位教师被选中的概率相等，而且选中男教师的概率为 $\frac{9}{20}$，那么参加这次联欢会的教师共有（　　　）。

A. 360 人　　　　　B. 240 人　　　　　C. 144 人　　　　　D. 120 人

11. 某班有学生 40 人，如图为学生课外阅读时间的频率直方图，阅读时间在 50 min 以上的学生有（　　　）。

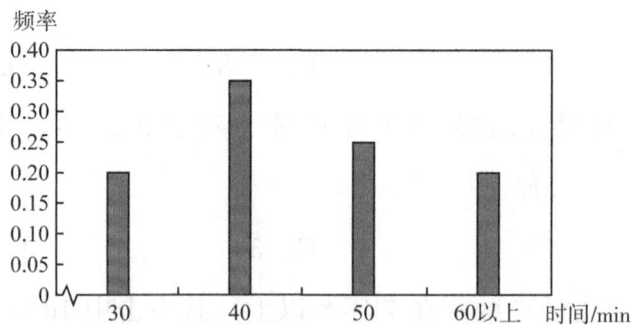

第 11 题图

A. 8 人　　　　　B. 10 人　　　　　C. 18 人　　　　　D. 20 人

12. 在一次射击比赛中，甲、乙两名运动员 10 次射击的平均成绩都是 8 环，其中甲成绩的方差为 0.8，乙成绩的方差为 0.82，由此可知（　　　）。

A. 甲比乙的成绩更稳定　　　　　　B. 乙比甲的成绩更稳定

C. 甲、乙两人的成绩一样稳定　　　　　D. 无法确定谁更稳定

13. 学校进行数学考试，共有 10 间考场，每名考生被安排到每个考场的可能性相同，甲、乙两名考生被分到同一考场的概率为(　　)。

A. $\dfrac{1}{9}$　　　　　B. $\dfrac{1}{10}$　　　　　C. $\dfrac{1}{90}$　　　　　D. $\dfrac{1}{100}$

14. 某企业对三批次产品进行质量检测，其中 A 批次产品有 350 件、B 批次产品有 250 件、C 批次产品有 150 件。用分层抽样的方法从中抽取样本。若样本中的 A 批次产品为 7 件，则样本容量为(　　)。

A. 7　　　　　B. 15　　　　　C. 25　　　　　D. 35

15. 为调查某中职学校高二女生的身高情况，在该校高二年级随机抽取 20 名女生做调查，分组后的频数如表 1(身高单位：cm)。

表 1

分组	150 以下	[150，155)	[155，160)	[160，165)	[165，170)	170 及以上
频数	1	2	5	6	5	1

则样本数据在区间[155，170)内的频率为(　　)。

A. 0.25　　　　　B. 0.55　　　　　C. 0.8　　　　　D. 0.85

第Ⅱ卷　非选择题(90 分)

二、填空题(本大题共 5 小题，每题 4 分，共 20 分)

16. 从一副扑克牌中(52 张)任意抽取一张，抽到梅花牌的概率为_____。

17. 如果一个样本的方差为 $s^2 = \dfrac{1}{8}\left[(x_1-6)^2+(x_2-6)^2+\cdots+(x_8-6)^2\right]$，则这个样本的容量是_____，样本的均值是_____。

18. 对一个鱼塘鱼的数量进行估算，抽取一个容量为 50 的样本，每个样本被抽到的概率大约为 0.1，则该鱼塘大约有鱼_____条。

19. 同时抛掷两颗骰子，总数出现 7 点的概率是_____。

20. 在 1～10 中，任取两个数，则这两个数恰好为偶数的概率是_____。

三、解答题(共 70 分。解答时应写出必要的文字说明、演算步骤或证明过程)

21. (10 分)在一个不透明的袋子中装有大小、形状完全相同的红色小球 10 个、黑色小

球 20 个、黄色小球 50 个，从中任取 1 个小球。

(1)分别求取到红色小球、黑色小球、黄色小球的概率；

(2)求取到黑色小球或黄色小球的概率。

22.(12 分)某中职学校有学生 4 000 人，各年级男、女生的人数见表 1。

表 1

年级	高一年级	高二年级	高三年级
女生	x	y	642
男生	680	z	658

已知在全校学生中随机抽取 1 名，抽到高一年级女生的概率为 0.15。

(1)求高一女生人数 x 和高二学生总数。

(2)用分层抽样的方法在全校抽取 200 名学生，问应在高二年级抽取多少名？

23.(12分)为了了解某地区中职学校男生身高的情况，从某中职学校随机选取 50 名男生，其身高情况如下(单位：cm)。

$$167 \quad 172 \quad 168 \quad 169 \quad 171 \quad 172 \quad 168 \quad 169 \quad 170 \quad 169$$
$$168 \quad 170 \quad 171 \quad 170 \quad 171 \quad 172 \quad 169 \quad 175 \quad 170 \quad 167$$
$$175 \quad 171 \quad 167 \quad 168 \quad 170 \quad 170 \quad 170 \quad 167 \quad 175 \quad 168$$
$$171 \quad 171 \quad 175 \quad 167 \quad 168 \quad 169 \quad 171 \quad 170 \quad 171 \quad 169$$
$$168 \quad 168 \quad 172 \quad 167 \quad 170 \quad 170 \quad 169 \quad 168 \quad 171 \quad 168$$

(1)试对以上数据进行整理，列出频率分布表。

(2)画出频率分布直方图。

24.(12分)A 地到火车站有两条路径 L_1，L_2，现随机抽取 100 名从 A 地到火车站的人进行调查，调查结果见表 2。

表 2

所用时间/min	[10，20]	(20，30]	(30，40]	(40，50]	(50，60]
选择 L_1 的人数	6	12	18	12	12
选择 L_2 的人数	0	4	16	16	4

(1)试估计 40 min 内不能赶到火车站的概率。

(2)分别求选择 L_1 和 L_2 的人所用时间落在表 2 中各时间段内的频率。

(3)现在甲、乙两人分别有 40 min 和 50 min 的时间用于从 A 地赶往火车站，为了尽最大可能在允许的时间内赶到火车站，试通过计算说明，他们应如何选择各自的路径。

25.(12分)某射击队从甲、乙两人中选拔一人参加冬奥会射击比赛,选拔中甲、乙两人在相同的条件下各射击5次,成绩如下(保留两位小数)。

甲:9,5,6,6,9。

乙:7,7,7,8,6。

请问选派哪位选手更合适?为什么?

26.(12分)为了了解某校学生学习我国优秀传统文化的情况,随机抽取该校100名学生调查他们一周课外阅读古诗文的时间,根据所得调查结果的数据,得到的频数分布表见表3。

表3

分组	0~0.5(h)	0.5~1.0(h)	1.0~1.5(h)	1.5~2.0(h)	2.0~2.5(h)
频数	10	30	30	20	10

(1)用事件发生的频率来估计相应事件的概率,试估计该校学生一周课外阅读古诗文的时间不低于1 h的概率。

(2)若每组中各个学生阅读时间用该组的中间值(如0~0.5的中间值为0.25)来估计,试估计该校学生一周课外阅读古诗文的平均时间。

期中测评卷

一、选择题(本大题共 15 小题，每小题 4 分，共 60 分。在每小题给出的四个选项中只有一项符合题目要求)

1. 已知点 $P(-2, m)$ 在直线 $x-y-3=0$ 上，则实数 m 的值为( )。

   A. 5   B. -5 C. 1   D. -1

2. 已知直线 l：$x-y+2023=0$ 的倾斜角为 α，则 $\alpha=($)

   A. $30°$ B. $45°$ C. $60°$ D. $135°$

3. 点 $P(-1, 2)$ 关于原点对称的点 P' 的坐标为( )。

   A. $(-1, -2)$ B. $(1, 2)$

   C. $(1, -2)$ D. $(-2, 1)$

4. 已知点 $A(m, 2)$ 和 $B(-4, n)$，线段 AB 的中点为点 $C(0, -3)$，则 m，n 的值为( )。

   A. $m=4$，$n=-5$ B. $m=-4$，$n=-8$

   C. $m=-4$，$n=6$ D. $m=4$，$n=-8$

5. 下列说法正确的是( )。

   A. 若两直线 $l_1 /\!/ l_2$，则它们的斜率必相等

   B. 若直线 l_1 与 l_2 的斜率都不存在，则 $l_1 /\!/ l_2$

   C. 若直线 $l_1 \perp l_2$，则必有 $k_1 k_2 = -1$

   D. 两直线 l_1 与 l_2 中，一条直线无斜率，另一条直线斜率为 0，则 $l_1 \perp l_2$

6. 若直线 $ax+2y+6=0$ 与直线 $x+(a-1)y+1=0$ 平行，则 $a=($)。

   A. -1 或 2   B. -1 C. 2   D. $\dfrac{2}{3}$

7. 直线 $3x-4y-12=0$ 与直线 $6x-8y+6=0$ 的距离为( )。

   A. $\dfrac{9}{5}$ B. -3 C. 6   D. 3

8. 若圆 $x^2+y^2=b$ 与直线 $x+y=b$ 相切，则 b 的值为( )。

   A. $\sqrt{2}$ B. 1   C. 2   D. $\dfrac{1}{2}$

9. 经过点 $M(-2,3)$ 且与 x 轴垂直的直线方程是( )。

A. $x=-2$ B. $y=-2$ C. $x=3$ D. $y=3$

10. 过点 $(1,2)$，倾斜角 α 的正弦值为 $\dfrac{4}{5}$ 的直线方程是( )。

A. $4x-3y+2=0$ B. $4x+3y-6=0$

C. $y=\pm\dfrac{4}{3}(x+1)-2$ D. $y=\pm\dfrac{4}{3}(x+1)+2$

11. 直线 $x-y-2=0$ 在 y 轴上的截距为( )。

A. 1 B. ±1 C. -2 D. ±2

12. 若点 $P(1,1)$ 到直线 $x+y+c=0$ 的距离为 $\sqrt{2}$，则 c 的值是( )

A. $\sqrt{2}$ B. 0 或 3 C. 0 或 -4 D. -4

13. 直线 $x+3=0$ 与直线 $y=5$ 的交点坐标是( )。

A. $(-3,-5)$ B. $(3,-5)$ C. $(-3,5)$ D. $(3,5)$

14. 圆 $(x-1)^2+(y+2)^2=9$ 的圆心和半径分别是( )。

A. $(1,2)$，$r=9$ B. $(1,-2)$，$r=9$

C. $(-1,2)$，$r=3$ D. $(1,-2)$，$r=3$

15. 直线 $3x+4y-5=0$ 与圆 $(x+1)^2+(y-2)^2=25$ 的位置关系是( )。

A. 相离 B. 相切

C. 直线过圆心 D. 直线与圆相交但不过圆心

二、填空题(本大题共 5 小题，每题 4 分，共 20 分)

16. 圆 $x^2+y^2+Dx+Ey=0$ 的圆心为 $(-2,1)$，则 $D=$ _____，$E=$ _____。

17. 若直线 $x+2y+m=0$ 把圆 $(x-1)^2+y^2=1$ 分为面积相等的两部分，则实数 m 的值为_____。

18. 若直线 $x+ky-1=0$ 与直线 $5x-y+3=0$ 垂直，则实数 k 的值为_____。

19. 已知点 $P(-3,4)$ 在圆 $x^2+y^2=r^2$ 内，则半径 r 的取值范围是_____。

20. 已知圆 C：$x^2+y^2-4x+6y-12=0$，过点 $P(-1,0)$ 圆 C 的最小弦长为_____。

三、解答题(共 70 分。解答时应写出必要的文字说明、演算步骤或证明过程)

21. (10 分)已知角 α 的终边经过点 $P(-1,\sqrt{3})$。

(1)求 $\sin\alpha$，$\cos\alpha$ 和 $\tan\alpha$ 的值。

(2)直线 l 的倾斜角为 α，且在 y 轴上的截距为 -4，求直线 l 的方程。

22．(12分)已知直线 l：$2x-3y-6=0$。

(1)写出直线 l 的斜截式方程。

(2)分别求直线 l 与 x 轴、y 轴的交点坐标。

23．(12分)已知直线 l_1：$mx+y=1$，l_2：$nx+my=5$ 交于点 $P(2,3)$。

(1)求 m，n 的值。

(2)过点 P 作直线 l_1 的垂线 l，求直线 l 的方程。

24．(12分)已知圆 C：$(x-3)^2+(y+4)^2=r^2(r>0)$，直线 l：$x-2y-4=0$ 与圆 C 相交于 A，B 两点，求弦 AB 的中点 M 的坐标。

25．(12分)过点 $P(2，1)$ 的直线与圆 C：$x^2+y^2=1(C$ 为圆心) 相切于 A，B 两点，求：

(1)切线 PA，PB 的方程；

(2)四边形 $PACB$ 的面积。

26．(12分)已知直线 l 的倾斜角为 $45°$，且经过点 $A(2，m)$ 和 $B(m^2，2m)$。

(1)求实数 m 的值。

(2)若 $m<0$，设 $P(x，y)$ 是直线 l 上的动点，求 x^2+y^2 的最小值。

期末测评卷

第Ⅰ卷(选择题60分)

一、选择题(本大题共15小题,每小题4分,共60分。在每小题给出的四个选项中只有一项符合题目要求)

1. 直线 $2x+y-2=0$ 在 y 轴上的截距为(　　)。

A. 1　　　　　B. ±1　　　　　C. 2　　　　　D. ±2

2. 直线 l 的倾斜角的取值范围是(　　)。

A. $(0,\pi)$　　　B. $[0,\pi)$　　　C. $\left(0,\dfrac{\pi}{2}\right)$　　　D. $\left[0,\dfrac{\pi}{2}\right]$

3. 以 $(2,-3)$ 为圆心且与 x 轴相切的圆的标准方程是(　　)。

A. $(x-2)^2+(y+3)^2=2^2$　　　　B. $(x+2)^2+(y-3)^2=3^2$

C. $(x-2)^2+(y+3)^2=2^2$　　　　D. $(x-2)^2+(y+3)^2=3^2$

4. 直线 l_1： $x-2y+1=0$ 与直线 l_2： $2x-a^2x+2a-2=0$ 平行,则 a 的值为(　　)

A. 2　　　　　B. -2　　　　　C. ±2　　　　　D. $\pm\sqrt{2}$

5. 直线 l： $3x+4y+1=0$ 与直线 m： $6x+8y+3=0$ 的距离为(　　)。

A. $\dfrac{2}{5}$　　　　B. $\dfrac{1}{10}$　　　　C. $\dfrac{1}{5}$　　　　D. $\dfrac{3}{10}$

6. 圆 $(x-1)^2+(y+2)^2=r^2$ 经过坐标原点,则该圆的面积是(　　)。

A. $\sqrt{5}\pi$　　　　B. 5π　　　　C. $2\sqrt{5}\pi$　　　　D. 10π

7. 线段 MN 的两个端点分别为 $M(3,n)$, $N(m,-4)$,且线段 MN 的中点在 x 轴上,则(　　)。

A. $m=-3$　　　B. $m=4$　　　C. $n=4$　　　D. $n=-4$

8. 铜钱又称方孔钱,是古代钱币最常见的一种. 如图所示为清朝时的一枚"嘉庆通宝",由一个圆和一个正方形组成,若绕旋转轴(虚线)旋转一周,形成的几何体是(　　)。

A. 一个球　　　　　　　　B. 一个球挖去一个圆柱

C. 一个圆柱　　　　　　　D. 一个球挖去一个正方体

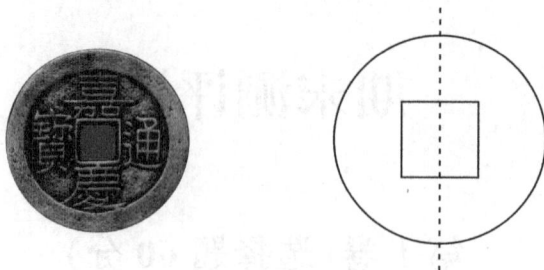

第 8 题图

9. 长、宽、高分别为 1，2，3 的长方体的表面积为（　　）。

A. 6　　　　　　　　B. 11　　　　　　　　C. 22　　　　　　　　D. $\sqrt{13}$

10. 如图，已知等腰直角三角形 $O'A'B'$ 是一个平面图形的直观图，其中 $O'A' = A'B'$，斜边 $O'B' = 2$，则这个平面图形原图的面积是（　　）。

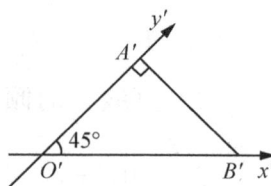

第 10 题图

A. $\dfrac{\sqrt{2}}{2}$　　　　　　　　B. 1

C. $\sqrt{2}$　　　　　　　　D. $2\sqrt{2}$

11. 如图，过球 O 的一条半径 OP 的中点 O_1，作垂直于该半径的平面，所得截面圆的半径为 $\sqrt{3}$，则球 O 的体积是（　　）。

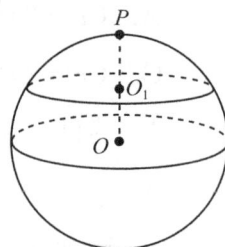

第 11 题图

A. $\dfrac{32\pi}{3}$　　　　　　　　B. $\dfrac{16\pi}{3}$

C. 32π　　　　　　　　D. 16π

12. 2022 年北京冬奥会期间，奥委会采用按性别分层随机抽样的方法从某高校报名的 300 名学生志愿者中抽取 50 人组成奥运志愿者小组。若 50 人中共有男生 30 人，则这 300 名学生志愿者中女生有（　　）。

A. 60 人　　　　　　B. 120 人　　　　　　C. 180 人　　　　　　D. 240 人

13. 如图，左边空心圆柱体的正视图是（　　）。

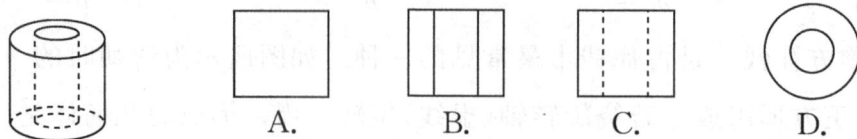

第 13 题图　　　A.　　　　　B　　　　　C.　　　　　D.

14. 下列事件是必然事件的是（　　）。

A. 在标准大气压下，水加热到 80℃时会沸腾

B. 实数的绝对值不小于零

C. 某彩票中奖的概率为 $\dfrac{1}{100\,000}$，则购买 100 000 张这种彩票一定能中奖

D. 连续两次抛掷一枚骰子，两次都出现两点向上

15. 某购物广场开展的"买三免一"促销活动异常火爆，对其中一日 8 时至 22 时的销售额进行统计，组距为 2 小时的频率分布直方图如图所示。已知 12 时至 16 时的销售额为 90 万元，则 10 时至 12 时的销售额为（　　）。

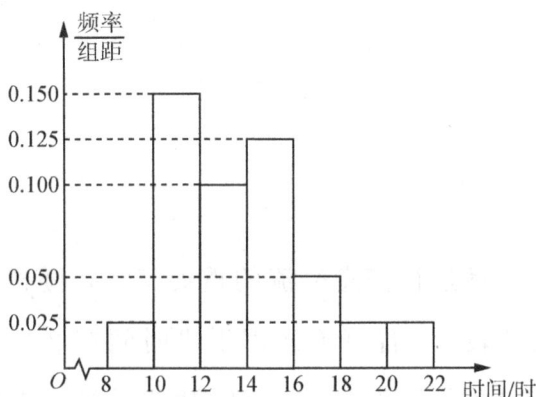

第 15 题图

A. 60 万元　　　　B. 80 万元　　　　C. 100 万元　　　　D. 120 万元

第Ⅱ卷　非选择题(90分)

二、填空题(本大题共 5 小题，每题 4 分，共 20 分)

16. 甲、乙两人参加晨练，他们从同一点出发，甲向东跑了 6 km 到达 A 地，乙向北跑了 8 km 到达 B 地，则 A，B 两地的距离为_____km。

17. 经过 $A(2，3)$，$B(4，-5)$ 两点的直线的斜率为_____。

18. 为巩固"扶贫"效果，了解新脱贫户的实际需求，某基层干部对编号为 1 至 5 的五户脱贫户进行实地入户走访，则随机走访的两户编号相连的概率为_____。

19. 已知圆锥的高为 $\sqrt{3}$，底面圆的半径为 1，则此圆锥的体积为_____。

20. 我国古代数学算经十书之一的《九章算术》有一问题：今有北乡八千一百人，西乡九千人，南乡五千四百人，凡三乡，发役五百，意思是用分层抽样的方法从这三个乡中抽出 500 人服役，则北乡比南乡多抽的人数为_____。

三、解答题(共 70 分。解答时应写出必要的文字说明、演算步骤或证明过程)

21. (10分)如图是一个底面半径为 1，高为 3 的圆柱体，请画出它的三视图，并标上相

应线段的长度。

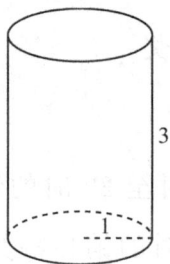

第 21 题图

正视图　　　左视图

俯视图

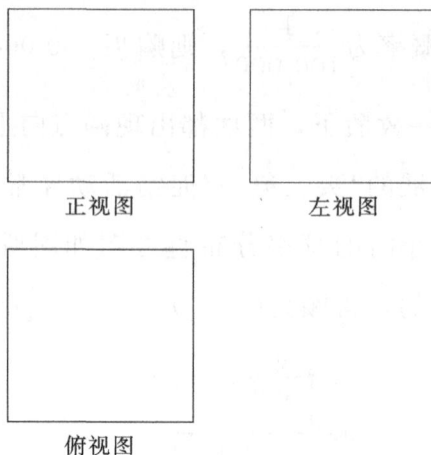

22. (12 分)手机是现代生活进行信息交流的重要工具，随机对使用手机的 60 人进行了调查统计，得到数据统计表见表 1。若每天使用手机时间在 2 h 以上的人被定义为"手机达人"，不超过 2 h 的人被定义为"非手机达人"。已知"非手机达人"与"手机达人"人数比恰为 3∶2。

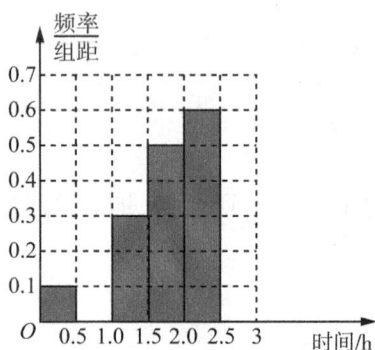

第 22 题图

表 1

使用手机时间 (单位：h)	频数	频率
[0，0.5)	3	0.05
[0.5，1)	x	p
[1，1.5)	9	0.15
[1.5，2)	15	0.25
[2，2.5)	18	0.30
[2.5，3]	y	q
合计	60	1.00

确定 x，y，p，q 的值，并补全上图的频率分布直方图。

23．（12分）已知直线 l_1：$2x-y-3=0$ ，直线 l_2：$4x-3y-5=0$。

(1)求两直线的交点坐标。

(2)求以两直线的交点为圆心，且经过原点的圆的标准方程。

24．（12分）某长方体从一个顶点出发的三条棱的长度分别为 $3\ \text{cm}$，$3\ \text{cm}$，$\sqrt{7}\ \text{cm}$。

(1)求该长方体的外接球的体积和表面积。

(2)如图，将此长方体沿相邻三个面的对角线截出一个棱锥，求剩下的几何体的体积。

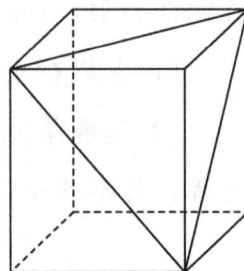

第24题图

25．(12分)如图，AB 是圆柱 OO' 的一条母线，BC 过底面圆心 O，D 是圆 O 上一点. 已知 $AB=BC=5$，$CD=3$。

（1）求该圆柱的表面积。

（2）将四面体 $ABCD$ 绕 AB 所在的直线旋转一周，求 $\triangle ACD$ 的三边在旋转过程中所围成的几何体的体积。

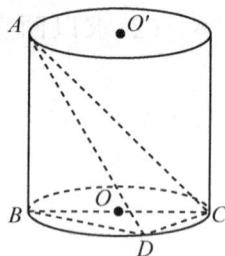

第 25 题图

26．(12分)已知圆 C：$x^2+y^2+mx+ny+4=0$ 关于直线 $x+y+1=0$ 对称，圆心 C 在第四象限，且圆 C 的半径为 1。

（1）求圆 C 的标准方程。

（2）是否存在直线与圆 C 相切，且在 x 轴、y 轴上的截距相等？若存在，求出该直线的方程；若不存在，说明理由。